Georg Hermann Lehnert

Beobachtungen an Landplanarien

Georg Hermann Lehnert

Beobachtungen an Landplanarien

ISBN/EAN: 9783743348448

Hergestellt in Europa, USA, Kanada, Australien, Japan

Cover: Foto ©Andreas Hilbeck / pixelio.de

Manufactured and distributed by brebook publishing software (www.brebook.com)

Georg Hermann Lehnert

Beobachtungen an Landplanarien

Beobachtungen an Landplanarien.

INAUGURAL-DISSERTATION

DER

PHILOSOPHISCHEN FACULTÄT

DER

UNIVERSITÄT LEIPZIG

ZUR

BEWERBUNG UM DEN DOCTORGRAD

VORGELEGT

VON

GEORG HERMANN LEHNERT

AUS

ZITTAU IN SACHSEN.

BERLIN 1891.
Nicolaische Verlags-Buchhandlung
R. Stricker.

In Folgendem sind auszugsweise die Ergebnisse von Beobachtungen an Landplanarien zusammengestellt. Die Untersuchungsobjekte gehörten den beiden Arten Bipalium kewense Moseley und Geodesmus bilineatus Mecznikow an. Die ersten erhielt ich in zwei Varietäten durch die gütige Vermittelung der Herren J. C. Hanisch, Hoflieferant in Leipzig-Anger-Crottendorf, W. Perring, Kgl. Garteninspektor in Berlin, Nicholson, Kurator der Kgl. Gärten zu Kew bei London, und Seeger & Tropp, Hoflieferanten, in London. Die zweite Art fand ich in den Gewächshäusern meines Bruders in Stetzsch bei Cossebaude-Dresden auf. Im Ganzen standen mir 12 erwachsene Exemplare von Bipalium kewense und ungefähr 30 von Geodesmus bilineatus zur Verfügung. Diesem Materiale nach zu urtheilen müssten meine Untersuchungsergebnisse viel weniger Lücken aufweisen als sie in Wirklichkeit thun. Allein ich habe weder das gesamte Untersuchungsmaterial zu gleicher Zeit oder während der ganzen Dauer meiner Arbeiten besessen, noch immer das nöthige Material zur richtigen Zeit; auch bedingten äussere Verhältnisse, dass ich nur das Halbjahr Januar bis Juli 1890 ganz ausschliesslich diesen Untersuchungen widmen konnte. Den genannten Ursachen entspringen die grossen Lücken in meinen Ermittelungen und die ungleiche Ausdehnung, welche die drei Hauptabschnitte meiner Arbeit erfahren haben. Während ich nämlich Artcharakteristik und Biologie sowohl von den zwei Varietäten des Bipalium kewense, als auch von Geodesmus bilineatus bearbeiten konnte, musste ich meine anatomischen Untersuchungen auf die beiden Bipalium-Varietäten, und die Studien über Regenerationserscheinungen gar nur auf eine dieser Varietäten beschränken.

In meinen Untersuchungen habe ich von zahlreichen Seiten her grosse Förderung erfahren. Vor allem durch meinen hochgeehrten Lehrer, Herrn Geheimen Hofrath Professor Dr. Rudolph Leuckart, welchem ich immer nur einen schwachen Dank werde abstatten können für das reiche Maass der mir in jeder Beziehung gewährten Unterstützung. Ferner habe ich jenen oben genannten Herren meinen ergebensten Dank zu sagen für die Liebenswürdigkeit, welche sie mir durch Beschaffung und Uebersendung von lebenden Bipalien erwiesen haben. Ebenso bin ich Herrn Obergärtner Sonntag in Leipzig-Anger-Crottendorf, sowie zahlreichen Herren Gärtnern und Orchideenzüchtern Deutschlands und des Auslandes für werthvolle Fingerzeige und Mittheilungen zu Dank verpflichtet.

A.
Geschichtlicher Ueberblick.

Die erste Landplanarie, unser heutiger Rhynchodemus terrestris, wurde 1773 durch O. F. Mueller (32) entdeckt und beschrieben. Sie blieb lange die einzige europäische Form, bis 1865 Geodesmus bilineatus durch Mecznikow (28) aus dem Treibhause des botanischen Gartens zu Giessen, und 1889 Microplana humicola durch Vejdovsky (37) aus Dungstätten Böhmens beschrieben wurde. Die beiden zuletzt genannten Forscher gaben über die von ihnen gefundenen Landplanarien auch anatomische Mittheilungen, und v. Kennel (21) veröffentlichte 1880 die Ergebnisse von anatomischen Untersuchungen, welche an Geodesmus bilineatus und Rhynchodemus terrestris angestellt worden waren. Ueber aussereuropäische Landplanarien hatten 1835 Gray (15) und 1842 Cantor (4) berichtet, aber ein grösseres Interesse für die Thiere wurde erst 1844 durch Darwin (6) geweckt. In der Folge wurden die Genera Geoplana u. a. aufgestellt, 1857 durch Stimpson (36) die Gattung Bipalium. In demselben Jahre wurde auch die erste Mittheilung über Anatomie und Biologie von Landplanarien gedruckt, diejenige von Max Schultze und Fritz Mueller (34) über brasilianische Geoplanen. Dazu lieferte Schmarda (33) 1859 einige Ergänzungen. Biologie und Anatomie von Bipalien schilderten zuerst Alois Humbert und Ed. Claparède (16) nach Objekten und Beobachtungen, welche Al. Humbert 1860 auf Ceylon gesammelt hatte. 1874 legte Moseley (29) zu unserem heutigen Wissen über Bipalien das Fundament, welches spätere Beobachter wohl in einigen Punkten abändern, aber im wesentlichen nur ausbauen konnten. Moseley selbst hat 1877 u. 1878 an dieser Arbeit theilgenommen (30, 31), auch Semper (35) 1880 durch Beibringung biologischer Thatsachen, neuerdings aber haben namentlich Loman (25, 26) in den Jahren 1887 u. 1890, Fletcher (13) und Fletcher und Hamilton (14) in den Jahren 1887—88 und Dendy (7) i. J. 1889 unsere Kenntnisse über Bipalien und andere aussereuropäische Landplanarien nach Kräften gefördert.

Die Species Bipalium kewense ist 1878 von Moseley (31) aufgestellt worden. Biologische Notizen brachten Bell (2) 1886 und Fletcher (13) 1887—88; eine vorläufige Mittheilung über Anatomie und Regenerationsvorgänge gab Bergendal (3) 1887.

B.
Artbeschreibung und Biologie von Bipalium kewense, Bip. kewense var. viridis und Geodesmus bilineatus.

I.
Artbeschreibung.

Die Gattungen Bipalium und Geodesmus rechnet man unter die Familie der Geoplanidae. Eine Charakteristik des Genus Bipalium findet sich bei Diesing (8), eine solche des Genus Geodesmus ist, da nur eine einzige Art existirt, immer mit dieser gegeben worden: Mecznikow (28), v. Kennel (20, 21).

α) Bipalium kewense Moseley.

Die Artcharakteristik wurde aufgestellt von Moseley (31) nach einem einzigen, dem Tode nahen Thiere, einiges über die Färbung später hinzugefügt von Fletcher (13). Die von mir gepflegten Thiere würden zu folgender Artschilderung berechtigen:

Der langgestreckt wurmförmige, vorn mit einer als Kopf zu bezeichnenden Fühlplatte versehene Körper erscheint in der Ruhe oberseits gerundet, unterseits flach, in der Bewegung dagegen fast drehrund. In der Bewegung ist er hinter dem Kopfe, in der Halsgegend, am schmalsten; von dort aus nimmt er allmählig an Dicke zu, bis er ungefähr in der Mitte das Zwei- bis Zweiundeinhalbfache der Halsstärke gewinnt. Ebenso allmählig verjüngt er sich wieder nach hinten, bis er unter einem dem Halsdurchmesser gleichen Ausmasse in kurzer, stumpfer Spitze endigt. Der Kopf bildet in der Bewegung eine quer zur Medianebene gestellte Platte von der Form eines schön gerundeten Halbmondes, dessen Konvexität nach vorn, dessen Sicheln nach hinten gerichtet sind. In der Ruhe wird der Kopf ganz zurückgezogen, der Leib verbreitert und verkürzt. In der Mittellinie des Bauches verläuft die Kriechsohle als zwei deutlich abgesetzte, eine Rinne zwischen sich schliessende Leisten, welche an der hinteren Grenze des (Kopf-) Halbmondes aus dessen Unterfläche entspringen und bis zum Körperende reichen, dessen Spitze schliesslich bildend. In der Rinne der Sohle liegt, im zweiten Längsdrittel des Leibes, die kleine, rundliche Mundöffnung. Eine Geschlechtsöffnung besassen die untersuchten Tiere nicht.

Die Grundfärbung des Körpers ist oberseits licht ockergelb, individuell mit grau, braun oder weiss gemischt, unterseits bräunlich, röthlich oder gelblich weiss, die Sohle rein weiss. Die Oberseite des Kopfes erscheint gelblich weiss, die Unterseite weiss mit rosenrothem Schimmer. Die Grundfärbung der Kopfoberseite ist zum grössten Theile verdeckt durch braunviolette Pigmentirung, welche am konvexen Rande des Halbmondes am schwächsten ist, gegen den geraden Rand an Intensität zunimmt, aber an diesem Rande einen ziemlich scharf abgegrenzten, gelblichen Saum freilässt. Dieser Saum springt in der Mittellinie gegen den Hals im Winkel vor, gegen zwei dunkelbraun bis violett gefärbte grosse Flecke, welche der Nackengegend aufliegen, sich in der Mittellinie fast berühren, um die Halsseiten herumgreifen und, in schwach violetten Farbenton übergehend, bis zur Kriechsohle reichen. Der Leib ist gezeichnet mit sieben Längsstreifen. Drei Paare derselben nehmen von den Halsflecken ihren Ursprung; die unpaare Rückenlinie aber entspringt hinter den beiden Halsflecken und verläuft auf der Mitte des Rückens nach hinten als feine dünne Linie. Nahe der Grenze zwischen Rücken- und Bauchfläche des Thieres, aber noch der Rückenfläche angehörend, gehen aus den Halsflecken die beiden Seitenlinien hervor und bis zum Hinterende des Thieres. Zwischen Seitenlinie und Rückenlinie verlaufen, gleichfalls den Halsflecken entspringend, die beiden Rückenbänder. Endlich begleiten den äusseren Rand der Sohle, wiederum von den Halsflecken ausgehend und bis zum Leibesende fortgesetzt, die beiden Sohlenstreifen. Während diese fast durchgehends mattviolette Farbe besitzen, sind die der Oberseite angehörenden Linien und Bänder den Halsflecken zunächst dunkel braunviolett gefärbt. Sie erfahren aber, je weiter sie nach hinten ziehen, eine desto grössere Abnahme ihrer Farben-Intensität, bis sie gegen das Leibesende hin nur noch schwache Färbung aufweisen. Die Seitenlinien und die Sohlenstreifen sind schmale, bandartige Linien, deren Breite in ihrer ganzen Erstreckung ungefähr sich gleich bleibt. Die dünne Rückenlinie aber und die beiden Rückenbänder, welche fast immer so breit sind als ihre seitlichen Grenzen von der Rückenlinie und den beiden Seitenlinien entfernt sind, erfahren in der Rüsselgegend, also vor, über und hinter dem Munde, eine Verbreiterung. Dabei verschwimmen ihre, sonst gleich denen der übrigen Längs-Streifen und -Linien scharfen, seitlichen Grenzen.

Die Körperlänge fand Fletcher in einem Thiere zu 35,36 cm, in zwei conservirten Exemplaren zu 12 und 9,3 cm. Diese beiden zeigten die Mundöffnung 4,2, bzw. 3,6 cm hinter dem Kopfe. Ich habe, um vergleichbare Maasse zu erhalten, meine Thiere immer gemessen, während sie ungestört auf einer Glasplatte (Fensterglas) dahinkrochen. Das grösste der von mir gepflegten Exemplare besass etwa 22 cm Körperlänge, bei einem grössten Körperdurchmesser von etwa 3 mm und einem Kopf-Quermesser (von Sichelspitze zu Sichelspitze gemessen) von 4,5—5 mm. Moseley's Exemplar ergab ihm die Werthe: 21 cm Länge, 3,5 mm Körperbreite und 5 mm Kopfbreite.

β) Bipalium kewense var. viridis.

Die Exemplare, welche ich aus dem Orchideenhause des Herrn Hanisch, aus dem Orchideenhause des Berliner botanischen Gartens und den Häusern der Herren Seeger u. Tropp erhielt, stimmen mit dem typischen Bipalium kewense überein bis auf die Färbung. Der Grundton der Körperfärbung ist oberseits ölgrün, graugrün, schiefer- oder olivengrün, individuell heller oder dunkler, immer aber gebrochen grün, unterseits grau mit Beimischung von hell lehmgelb, oder weissgrau mit Beimischung von violett oder grün. Die Sohle röthlich weiss bis weisslich lila, der Kopf oberseits hell graugrün bis dunkel ockergelb, unterseits hell lehmgelb bis weisslich lila. Die Zeichnung des Kopfes und des Leibes ist genau so angeordnet wie die von Bipalium kewense typ., nur ist jeweils die Farbe tiefer, braunschwarz-violett. Demgemäss gewinnen die Halsflecken auf der Bauchseite dunkel grauvioletten Ton, die Bänder und Linien des Rückens beginnen tief braunschwarzviolett, verblassen nach hinten zu unter Eindringen von braunen und grünen Tönen und werden zumeist im hinteren Leibestheile dunkel ölgrün. Die Sohlenstreifen sind grauviolett oder mattviolett. Wie die Rückenzeichnung des typischen Bipalium kewense individuelle Verschiedenheiten in der Abschwächung der Farben-Intensität mit dem Verlaufe der Bänder und Linien nach hinten erkennen lässt, so auch die Zeichnung der grünen Varietät.

Länge der Thiere (während des Kriechens auf der Glasplatte) 8—25 cm, hierbei grösste Körperbreite 2—6 mm. Z. B. Länge des Thieres 8,5 cm, Kopf 2 mm Längs-, 3 mm Quer-Durchmesser (von Sichel zu Sichel), Halsbreite 1 mm, Breite der Leibesmitte 2 mm; oder: Länge des Thieres 13,5 cm, Kopf 3—3,5 mm lang, 5 mm breit, Hals 2 mm, Leibesmitte 3 mm Querdurchmesser.

Ich bezeichne das soeben geschilderte Bipalium als grüne Varietät des Bipalium kewense und führe in der Folge der Kürze halber als Bip. kew. das typische Bipalium kewense, als Bip. vir. das Bipalium kewense var. viridis an. Das letztere als besondere Art, etwa als Bipalium viride, aufzustellen bezwecke ich nicht.

γ) Geodesmus bilineatus Mecznikow.

Die erste Art-Charakteristik gab Mecznikow (28), sie wurde erweitert durch Mittheilungen v. Kennel's (20, 21). Nach den von mir gepflegten Thieren hätte ich so zu schildern:

Der Körper zerfällt in Kopf und Leib; davon nimmt, jenachdem er vorgestreckt wird, der Kopf ein Fünftel bis ein Zehntel der ganzen Körperlänge in Anspruch. Der Leib eines sich bewegenden Thieres ist fast drehrund, bis auf die vorderen und hinteren Partien von annähernd gleichem Durchmesser. Das vordere Drittel des Leibes verjüngt sich nach vorn und bildet schliesslich mit seichter Einkerbung den kurzen Hals. An diesen setzt sich, mit geringer Verbreiterung beginnend, der lange, ganz allmählich in eine feine, abgerundete Spitze auslaufende Kopf an. Er bildet zumeist eine nach unten sich öffnende, seichte Rinne. In seinem zweiten Fünftel (von vorn aus gerechnet) trägt er die beiden grossen Augen. Unterhalb des Halses erhebt sich aus der Bauchfläche als schmale Leiste die Sohle, welche in der Mittel-Linie des Bauches nach hinten zu gehend ungefähr bis zum zweiten Leibesdrittel gleich schmal bleibt, dann aber mit abnehmender Höhe und zunehmender Breite in die Bauchfläche selbst übergeht, sodass im letzten Leibesdrittel fast die ganze Bauchfläche als Sohle dient. Die hintere Leibesendigung ist ein stumpfer Kegel. In der Ruhe wird der Kopf ganz zurückgezogen, sodass er, die Augen kaum erkennbar, als kleiner, dicker Fortsatz dem Leibe aufsitzt, dessen Hals nicht wahrzunehmen, und dessen Sohlenleiste erniedrigt ist.

Die Grundfarbe des Körpers ist ein trübes Weiss, je nach dem Einzelwesen mit Beimischung von grau, aschgrau, graubraun, rothbraun u. s. w. Auf diesem weisslichen Grunde bilden tief sepiabraune Flecken, Adern, Spritzer und Züge eine feine Marmorirung, im vordersten Theile des Kopfes so dicht, dass dort die weisse Grundfärbung völlig verdeckt, eine graubraune bis röthlichbraune Färbung erzielt wird. Von dieser dunklen Kopfspitze gehen zwei Bänder aus, welche bereits in der Augengegend erkennbar sind, in der Mitte des Leibes ihre grösste Breite erlangen und, nur wenig sich wieder verschmälernd, bis zum Leibesende ziehen. Die Streifen liegen symmetrisch zur Rückenmittellinie, von einander etwa so weit entfernt als sie selbst breit sind. Gebildet werden diese Streifen aus lauter rundlichen Flecken, deren Durchmesser dem Durchmesser des Streifens gleichkommt. Die Flecken sind unter sich und gegen ihre Umgebung verschwommen abgegrenzt. In der Mitte des Leibes, über der Mundöffnung, legt sich quer zu den beiden Längsstreifen eine Binde, welche auf dem Rücken etwa halb so breit wie der Leib erscheint (die Dimensionen wechseln sehr) und tief braun gefärbt ist, nach den Seiten aber schmaler und farbenschwächer wird und schliesslich auf der Bauchfläche als dünne, matte Querbinde bis zu der Mundöffnung zieht. Die Farbe der Rückenbänder und der Querbinde ist braun, sehr verschieden nuancirt. Auf der Unterseite des Thieres nehmen sechs Fleckenpaare von der Halsgegend bis zur Geschlechtsöffnung die Bauchmittellinie zwischen sich. Auch die Farbe der Flecken ist braun; sie scheinen nicht in allen Individuen vollzählig vorhanden zu sein. Ueberhaupt ist, wie die Grundfärbung und die Färbung der Zeichnungselemente, so auch die Zeichnung selbst nicht für alle erwachsenen Geodesmen dieselbe.

Die jungen Thiere besitzen graulich weisse bis aschgraue Grundfärbung, die Kopfspitze ist dunkel aschgrau bis braun, längs der ganzen Firstlinie des Rückens zieht sich ein allmählich nach den Seiten verschwimmender dunklerer Farbenton hin, bald mehr braun, bald mehr schwarz. In der Mitte des Leibes ist als einziges scharf zu umgrenzendes Zeichnungselement die dunkelbraune Querbinde vorhanden.

Die erwachsenen Thiere erreichen in sehr gestrecktem Zustande (während des Kriechens auf der Glasplatte gemessen) höchstens eine Länge von 17—18 mm bei einer Breite von kaum mehr als 1 mm; die jüngsten Thiere, welche ich gesehen habe, massen in der Bewegung 3 mm längs und 0,2—0,25 mm quer.

II.
Bewegung.

Der erste, welcher über die Bewegung der Bipalien etwas mittheilt, ist Humbert (16). Er schildert kurz die Haltung und Gestaltsveränderung des Kopfes während der Bewegung. Moseley (29) bestätigt das und fügt hinzu, dass die Bipalien an einem Schleimfaden sich durch die Luft gleiten lassen können. Semper (35) erwähnt, dass die Bipalien durch Wimpern sich fortbewegen, Jeffrey Bell (2) beobachtete, dass die Bipalien einen Schleimfaden im Kriechen hinter sich lassen, den Kopf während der Bewegung vielfältigen Gestaltsveränderungen unterwerfen, ihn in der Ruhe aber ganz zurückziehen. Bergendal (3) sieht in den langen Cilien der Sohle das fast ausschliessliche Bewegungsmittel der Thiere, während Loman (25) von Bipalium javanum sagt, dass das Thier „vermittels einer wellenartigen Bewegung der Sohle" krieche. Die Nachrichten über die Locomotion von Geodesmus bilineatus beschränken sich darauf zu sagen, dass das Vordertheil des Körpers unter Formveränderungen tastend hin- und herbewegt wird: Mecznikow (28) und v. Kennel (21); letzterer betont die Lebhaftigkeit der Tastbewegung.

α) Die Bewegung von Bip. kew. und Bip. vir.

Ich habe hier zunächst die Mittel der Bewegung zu kennzeichnen und dann getrennt zu behandeln die Bewegung auf kontinuirlicher und auf diskontinuirlicher Unterlage.

Mittel der Bewegung. Die Bewegung stellt sich dar als ein Kriechen auf der Unterlage, mittels Wellenbewegungen der Sohle, Flimmerung der Sohlenwimpern, Schleim-Absonderung und Schlängelung des ganzen Körpers. Die Sohle hinab laufen wenig hohe Contractionswellen in ziemlich rascher Folge. Sie beginnen vorn oder weiter rückwärts und hören am Leibesende oder schon vorher auf. Die Wellen stehen mit ihren Kämmen senkrecht zur Bewegungsrichtung. Den Sohlenwellen entsprechen schwache Contractionswellen, welche den ganzen Körper entlang gehen. Die grossen Flimmerhaare, mit denen die Sohle besetzt ist, schlagen mit ihren Spitzen entgegengesetzt der Bewegungsrichtung und bewirken so ein rascheres Vorwärtsgleiten des Thierkörpers. Unbedingtes Erforderniss für die Funktion der Sohlenwimpern, wie auch für das Vorwärtsschieben des Thierkörpers durch die Sohlenwellen ist der Schleim, welcher vom Thier abgesondert wird. Dieser Schleim verbindet die

Sohle in ihrer vollen Breite mit der Unterlage. Die Schlängelung des Körpers geschieht in unregelmässig auf einander folgenden grösseren und kleineren Bogen.

Von den angegebenen Bewegungsmitteln bedürfen zwei, die Sohlenwimpern und der Schleim, noch einiger Worte. Die beiden Sohlenleisten sind mit grossen, etwas nach hinten gerichteten Wimpern dicht besetzt, die Rinne zwischen den Leisten mit halb so grossen Wimpern. In der Bewegung läuft von der Wurzel jedes Haares eine Welle nach der Spitze und versetzt so das freie Ende des Haares in schlagende Schwingungen. Die Wellen folgen sich sehr rasch auf einander. Die Hauptleistung in der Locomotion des Thieres wird wohl von den Leistenflimmern gethan. — Jedes Thier lässt hinter sich einen Schleimstreifen, welcher der Sohlenbreite entspricht. Der Streifen beginnt dort, wo in kürzerer oder weiterer Entfernung vom Kopfe die Sohle der Unterlage aufliegt. Die Schleimabsonderung hat auf der ganzen Körperoberfläche, namentlich aber auf der Sohle statt. In dem zähflüssigen Schleime bewegen sich die Cilien — kein Wimperhaar der Sohle befindet sich ausserhalb des Schleimes.

Bewegung auf kontinuirlicher Unterlage.

Das sich bewegende Thier steht im Allgemeinen nur durch die Sohle mit der Unterlage in Berührung. Das Vordertheil des Körpers, etwa $1/7$ bis $1/12$, ist von der Unterlage abgehoben und in wechselndem Bogen gegen dieselbe gekrümmt, um der halbmondförmigen Fühlplatte des Kopfes Gelegenheit zu geben, durch Betasten die Umgebung zu untersuchen. Das Vordertheil wird in rascher Folge nach den verschiedensten Richtungen geführt, der Halbmond ist ausgebreitet, sein Rand fein rundlich eingekerbt. Dieser Rand allein tastet, indem ein kleiner Theil desselben für ganz kurze Zeit durch den vom Thiere abgesonderten Schleim dem zu untersuchenden Gegenstande angeklebt und gleich darauf wieder abgehoben wird. Der Halbmond ist nur die Grundform des ausserordentlich beweglichen Kopfes. Er vermag mit der grössten Leichtigkeit zu einer langen Zunge sich zu gestalten, oder seitlich in eine Spitze sich auszurecken, gleich darauf sich umzubiegen, nach oben und unten, oder die Gestalt einer Pfeilspitze anzunehmen — kurz, er besitzt eine gewaltige Formveränderlichkeit und gewinnt seine verschiedenen Gestalten so schnell und leicht, dass es aussieht, als fliesse er aus einer in die andere hinüber. Die Bewegung des Kopfes erscheint unabhängig von der des Körpers, und auch die Bewegungen des von der Unterlage emporgehobenen Körpervordertheiles sind in gleichem Sinne unabhängig. — Soll eine Richtungsänderung vorgenommen werden in der übrigens immer eine Vorwärtsbewegung, niemals ein Rückwärtskriechen des ganzen Körpers darstellenden Locomotion, so legt sich die vordere Körperpartie, meist schon in der erforderlichen Weise gekrümmt, der Unterlage auf. Der nachfolgende Körper durchläuft dann genau dieselbe Krümmung. — Die Bewegung ist im Allgemeinen eine stetige, ein gleichmässiges Hingleiten auf der Unterlage.

Verhältniss der Bewegung zur Unterlage. Die Bewegung der Bipalien wird, solange die Unterlage eine halbwegs feste und jedenfalls keine flüssige ist, durch die Lage und Beschaffenheit der Unterlage nicht wesentlich beeinträchtigt. Sowohl horizontale und geneigte, als auch senkrechte und überhängende Flächen, an welche die Körper durch den zähen Schleim sich anheftet, werden mit annähernd gleicher Schnelligkeit passirt. An Unebenheiten der Unterlage schmiegt sich der Körper an, ohne wesentliche Einbusse in seiner Bewegungsgeschwindigkeit zu erleiden, und selten wird ein in der gewollten Bewegungsrichtung liegendes Hinderniss nicht überschritten. Jedenfalls konnte ich von den natürlichen nur das flüssige Wasser als absolutes Hinderniss ausfindig machen.

Verhältniss des Körperdurchmessers zur Unterlage während der Bewegung. Der Körper ist im Allgemeinen in der Bewegung sehr lang ausgestreckt und fast drehrund. Sind bedeutende Unebenheiten der Unterlage zu überschreiten, so wird der Körper über der höchsten Partie der Unebenheiten zur Erzeugung einer grossen Haftfläche der Länge nach zusammengezogen und der Quere nach verbreitert, sodass mit dem Passiren jener Partien eine Längskontraktion und Querverbreiterung allmählig den ganzen Körper entlang geht. Doch kann ein Bipalium den Querschnitt seines Körpers in der Bewegung auch sehr verkleinern, z. B. wenn es sich um das Durchzwängen durch enge Räume handelt. Dann läuft eben eine Streckung und Verschmälerung allmählig den ganzen Körper entlang.

Um ein einheitliches Maass für die Geschwindigkeit der Bewegung zu haben, liess ich die Bipalien auf einer Platte aus Fensterglas dahinkriechen. In der Regel wurden 6 bis 7 cm Weg in der Minute zurückgelegt, doch konnten auch 11 cm erreicht werden.

Für die Bewegung auf diskontinuirlicher Unterlage kommt in Betracht, ob die Unterbrechung der Unterlage an Maass die Körperlänge des Thieres übertrifft oder nicht.

Brückenfaden. Ist die Kontinuität der Unterlage auf eine die Körperlänge nicht erreichende Strecke aufgehoben, so geschieht dem Vorwärtsgehen des Thieres in der Bewegungsrichtung kein Eintrag. Dort, wo in der Bewegungsrichtung die alte Unterlage endet, wird durch Muskelthätigkeit die vordere Körperpartie frei durch die Luft nach aufwärts, abwärts oder seitwärts gestreckt und durch Tasten mit dem Kopfe eine neue Unterlage gesucht. Ist diese gefunden, so legt sich der hinter dem Kopfe befindliche Theil der Sohle der neuen Unterlage an und kriecht dort vorwärts. Der gesamte übrige Körper folgt schnurgerade durch die Luft nach, und wenn das Leibesende die alte Unterlage verlässt, zieht es genau in derselben Richtung und Schnelligkeit wie der vorangehende Körper an einem Schleimfaden gleichsam befestigt durch die Luft zur neuen Unterlage. Es sieht aus, als erzeuge das Leibesende diesen Faden, allein in Wahrheit ist dieser schon gebildet in dem Augenblicke, wo die Sohle mit dem hinter dem Kopfe befindlichen Theile die neue Unterlage berührt. Dann ist bereits der Faden, wenn auch noch dünn, von der alten zur neuen Unterlage ausgespannt als ein Theil jener ununterbrochenen Schleimschicht, welche stets die Sohle bedeckt. Der Faden wird stärker dadurch, dass der gesamte Körper nun schleimabsondernd über ihn hinweg kriecht. Die Bewegung des Körpers auf einem solchen Brückenfaden erfolgt wahrscheinlich nur mit Hilfe der Sohlenwimpern. Der Faden erstarrt, nachdem der Körper ihn passirt hat, und bleibt meist noch tagelang ausgespannt. Aber eine Wiederbenutzung hat nicht statt, höchstens dient er, wenn der Zufall es mit sich bringt, als Stützpunkt für Bewegungen in anderer Richtuug.

Gleitfaden. Den Kriechfaden, welchen das Tier in der Bewegung auf kontinuirlicher Unterlage bildet, halte ich in nichts verschieden von dem oben beschriebenen Brückenfaden, oder von dem Gleitfaden. Gleitfaden nenne ich den Schleimstreifen, an welchem ein Bipalium von einer Unterlage durch die Luft zu einer tiefer gelegenen sich herablässt. Dies geschieht dann, wenn die neue Unterlage von der über ihr befindlichen alten Unterlage weiter entfernt ist, als die Körperlänge des sich bewegenden Thieres beträgt. Die zahlreichen Versuche ergaben im Wesentlichen folgendes:

Das Thier kriecht mit dem Vordertheile seines Körpers nahe dem Rande der alten Unterlage hin, hebt sodann diesen vorderen Theil ein wenig von der Unterlage ab, so, dass er noch durch Schleim mit der Unterlage in Verbindung steht, biegt ihn in ungefähr rechtem Winkel nach dem Rande der Unterlage und gleitet über diesen hinweg. Die Summe dieser Vornahmen führt zur Bildung eines Schleimspiegels, welcher annähernd die Gestalt eines rechtwinkligen Dreiecks besitzt; die eine Kathete liegt der Unterlage an und auf, die andere Kathete, über den Rand der Unterlage hinweggehend, der Sohle des hinabgleitenden vorderen Körpertheils. Die Verlängerung dieser Kathete bildet den Gleitfaden.

Das vordere Körpertheil, auf diese Weise mit dem Schleimspiegel verbunden, streckt sich, nachdem es den Rand der Unterlage verlassen, nach unten, der Halbmond breitet sich aus, die vordere Körperpartie wird im Bogen gehoben und das ganze frei hängende Körpertheil beginnt, hin und her sich drehend zu schwingen um seine eigene Längsachse. Währenddessen kriecht nach und nach der gesammte Körper von der alten Unterlage hinweg über deren Rand, am Schleimspiegel hin und hinab an der einen Kathete; schliesslich verlässt auch das Leibesende die alte Unterlage, zieht scheinbar hinter sich den Schleimfaden aus, welcher durch den Schleimspiegel der alten Unterlage angeheftet ist. Das Thier hängt frei am Faden in der Luft. Die drehenden Schwingungen des Körpers um seine Längsachse dauern inzwischen fort und der Faden wird scheinbar immer länger ausgezogen, bis er schliesslich eine der Länge des Thieres ungefähr gleich kommende Ausdehnung erlangt. Hat das Thier jetzt noch keine neue Unterlage gewonnen, so reisst er ab; fand das Thier aber vorher eine solche, so hält der Faden aus, das Thier kriecht, immer am Faden hängend, mit seinem Vordertheile auf der neuen Unterlage fort. Der gesammte Körper folgt allmählich nach; endlich berührt auch das Körperende, das inzwischen immer am Gleitfaden senkrecht herabhing und scheinbar diesen auszog, die neue Unterlage. Dann reisst gewöhnlich, aber nicht immer, der Gleitfaden an derselben Stelle, wo das Körperende die neu gewonnene Unterlage berührte, ab und schnurrt in unregelmässigen, links und rechts umlaufenden Windungen nach oben zusammen.

Dies das allgemeine Ergebniss der Beobachtungen. Von den Einzelheiten hier nur Folgendes.

Das Bipalium gleitet in der Lothlinie nach unten und entfernt nur den vorderen Theil seines Körpers durch eine bogenförmige Krümmung von dieser Senkrechten. Die Krümmung ist meist eine sehr flache, ihre Konvexität abwechselnd bald der Bauch- oder Rückenfläche, bald einer Seitenfläche zufallend. Die Schwingungen, welcher der freihängende Körpertheil oder später der ganze Körper ausführt, werden hervorgerufen dadurch, dass das im Bogen gekrümmte Vordertheil in verhältnissmässig rascher Folge seitlich und schief abwärts sich biegt. Diese nutatorischen Schwingungen, deren Aufhören das Thier veranlassen kann, indem es keine neuen Anstösse mehr giebt, erreichen oft mehr als 180° Amplitude. Zuweilen geht der Thierkörper während des Hinablassens Torsionen ein, er rollt sich korkzieherartig in einem oder mehreren an einander stossenden Umgängen auf. Diese Zusammendrehungen schreiten, wenn eine neue Unterlage gewonnen ist, und das Thier auf derselben fortkriecht, auf dem Thierkörper allmählich weiter nach hinten, bis sie schliesslich auf den Faden übertragen werden. Die Krümmung des Vordertheils, die Schwingungen um die Längsachse und die Torsionen haben keinen anderen Zweck, als dem Halbmonde Gelegenheit zu geben, während des Hinabgleitens nach einer neuen Unterlage zu suchen (die Netzspinnen verfahren ähnlich). — Der Körper des am Faden nach unten gleitenden Thieres ist genau so gestaltet als ob das Thier auf einer festen Unterlage sich bewegte, nur ein wenig kontrahirt erscheint er oft. — Das scheinbare Ausziehen des Fadens erfolgt ziemlich rasch, mit anderen Worten, das Thier gleitet ziemlich schnell an dem Faden nach unten. Der Faden selbst ist strukturell nicht verschieden von dem Kriechfaden, nur ein wenig schmäler und dafür dicker. Die Länge der mit Gleitfaden durchmessbaren Strecke beträgt — nach meinen Versuchen — das Doppelte der Leibeslänge des Thieres; der Faden vermag das freihängende Bipalium zu tragen, so lange die Strecke vom Ausgangspunkte am Rande der alten Unterlage bis zum Leibesende des freihängenden Thieres die gesammte Länge des Thieres nicht wesentlich übertrifft. — Ueber die Bildung des Gleitfadens glaube ich diese Vermuthung äussern zu dürfen: Er wird gebildet durch die Schleim-Absonderung der Sohle, er erstarrt an der nicht mit der Sohle in Berührung bleibenden Partie sehr schnell (der Schleim erstarrt überhaupt sehr rasch an der Luft) und wird dadurch fester. Zugleich wird er verstärkt durch die Schleim-Absonderung des an ihm hinabkriechenden Körpers. Dadurch wird er auch verlängert. Seine Tragfähigkeit aber wird vermindert dadurch, dass er in den Partieen, welche nicht mehr mit dem Thiere in Berührung sind, von allen Seiten her schnell erstarrt und gerade in diesen Partien die von den Schwingungen des Thierkörpers herrührenden Drehungen zu erleiden hat. Die Erstarrung macht ihn brüchig, die Drehungen lockern sein Gefüge, er zerreisst, u. zw. ist dieser Moment ungefähr dann herbeigekommen, wenn das Thier einmal seine ganze Länge am Faden hinabgeglitten ist. Erreicht das Thier, bevor dieser Moment eintritt, eine neue Unterlage, so lagert es ja, indem es auf dieser weiter kriecht, derselben immer mehr seines Gewichtes auf, entlastet also den Faden. Dieser vermag daher auszuhalten, bis das Thier ganz die neue Unterlage gewonnen hat. Ich spreche hier von einem Gleitfaden, weil ich der Meinung bin, dass das Thier an dem Faden mit Hilfe der Sohlenwimpern hinabgleitet. Im Uebrigen sind die Namen Brücken- und Gleitfaden nur gewählt, um die Schilderung zu erleichtern. Der Sache nach sind die beiden Fäden nichts anderes als Kriechfäden, genau wie jener Schleimfaden, welchen das Thier in der Bewegung auf fester kontinuirlicher Unterlage bildet.

Es scheint, als könne ein Bipalium nicht vielmals hinter einander Gleitfäden von grösserer Ausdehnung bilden. Wenigstens brachten meine Pfleglinge dann, wenn sie beispielsweise viermal hintereinander den Gleitfaden hatten erzeugen müssen, nicht mehr längere Fäden zustande. Der Faden riss nach kurzer Erstreckung durch. Ehe dies geschah, pflegten die Bipalien sich stark zusammenzuziehen; kontrahirt stürzten sie hinab und krochen weiter. Die Kontraktionen des ganzen Körpers, die übrigens auch in der Bewegung auf kontinuirlicher Unterlage erfolgen, können recht beträchtliche sein, bis auf die Hälfte, ja selbst ein Drittel der sonstigen Körperlänge. Der Querschnitt des Körpers ist dann natürlich entsprechend vergrössert.

Ruhe. In der Ruhe liegen die Thiere zumeist in mehrfachen, ganz unregelmässigen Windungen und Biegungen zusammengeknäuelt da, ohne Rücksicht darauf, ob die eine Körperpartie eben, die andere geneigt, die dritte überhängend gelagert ist, oder eine Windung des Körpers über die andere hinweggeht. Der Körper ist abgeplattet, der Kopf zurückgezogen.

β) Die Bewegung von Geodesmus bilineatus.

Die Mittel der Bewegung von Geodesmus bilineatus sind: Contractionswellen der Sohle, Schlängelung des Körpers, Flimmerung der Sohlenwimpern, Schleim-Absonderung. Die Contractionswellen der Sohle sind ziemlich gross, ebenso die Schlängelungsbogen des Körpers. Die Sohlenwimpern scheinen nicht verschieden zu sein von denen, welche den gesammten Körper bedecken.

Der Körper eines sich bewegenden Thieres hat fast kreisförmigen Querschnitt und berührt die Unterlage nur mit jener schon gekennzeichneten Sohlenfläche. Kopf und Hals werden frei nach vorn gestreckt, in einem seichten, gegen die Unterlage geöffneten Bogen. In ziemlich lebhafter Bewegung wird der so gehaltene Kopf nach rechts und links geführt, wobei das erste Längsdrittel des Leibes in diese Seitwärtsbewegung mit eintritt. Die vorderste Kopfpartie tupft dabei fortwährend und in rascher Folge auf die Unterlage und die auftupfende Kopfstelle klebt sich jedesmal der Unterlage für ganz kurze Zeit an. Wenn die Umstände es bedingen, wird der Kopf auch nach oben gestreckt, selbst die ganze vordere Leibeshälfte mit. Wenn mehr als die vordere Leibeshälfte nach oben gehoben wird, geschieht dies in Form einer Spirale. Eigenthümlich ist, dass Geodesmus den vordersten Theil seines Kopfes manchmal ganz nach dem Rücken klappt und nur noch mit der nachfolgenden Kopfpartie tastet.

Die Bewegung von Geodesmus ist stetig, erscheint aber zufolge der starken Schlängelung und der pendelnden Schwingungen nicht so. Auch wackelt der Körper in der Bewegung immer von einer Seite zur andern.

Die Bewegung ist stets nach vorwärts gerichtet, und es gilt hier wie über die Richtungsänderungen dasselbe wie von Bipalium. Ebenso über das Verhältniss der Bewegung zur Unterlage, nur dass Geodesmus auf flüssiger Unterlage sich zu bewegen vermag. Besondere Beziehungen des Körperausmasses zur Unterlage habe ich an Geodesmus während der Bewegung nicht erkennen können. Die Fähigkeit, seinen Körper oder einzelne Partieen desselben während der Bewegung zu contrahiren und zu verbreitern, oder zu strecken und damit zu verschmälern, geht natürlich auch Geodesmus nicht ab.

Als Mass der Bewegung ergab sich auf der Glasplatte eine Geschwindigkeit von 3—4 cm in der Minute.

Brücken- und Gleitfaden. Geodesmus benutzt den Kriechfaden wie Bipalium als Brücken- oder Gleitfaden. Der Gleitfaden kann auch nicht länger tragfest gebildet werden, als bis auf Leibeslänge des Thieres. Ueber Spiegelbildung habe ich bei der Kleinheit des Objectes nichts sicheres feststellen können. Die Haltung von Geodesmus am Gleitfaden ist ähnlich derjenigen von Bipalium im gleichen Falle, nur werden keine oder schwache Nutationen ausgeführt und die Torsionen des Körpers überschreiten nicht 180°.

Mit Hülfe seines Kriechfadens bewegt sich Geodesmus auch auf dem Wasser. Von einer festen Unterlage weg kriecht er auf den Wasserspiegel hinaus, mit der alten Unterlage durch den Kriechfaden verbunden. Dabei pendelt Geodesmus genau so hin und her wie sonst, schlängelt seinen Körper auch. Der Faden kann meist auf Leibeslänge nur gebildet werden; hat dann das Thier keine neue Unterlage gefunden, so kehrt es, wenn es nicht durch den Wasserspiegel durchbricht (es lässt sich kein treffenderer Ausdruck finden), zur alten Unterlage zurück.

In der Ruhe liegt Geodesmus fast mit der ganzen Bauchfläche der Unterlage auf. Der Kopf ist zurückgezogen, der Leib seicht gekrümmt oder in einem Umgange zusammengerollt. Die Unterlage kann jede beliebige Stellung im Raume haben.

γ) **Die Bewegungen von Bip. kew., Bip. vir. und Geod. bil., verglichen unter sich und mit den Bewegungen verwandter Formen.**

Ich habe zur Vergleichung meist nach Dendrocoelum lacteum Oersted, Planaria polychroa O. Schmidt und Polycelis tenuis Iijima herangezogen. Diese Wasserplanarien benutzen dieselben Bewegungsmittel wie die Landplanarien, nur führen sie keine Schlängelungen aus und die gesammte Bauchfläche dient als Sohle. Aber Contractionswellen laufen, was andere Beobachter nicht erwähnen, auch hier in derselben Weise wie bei den Landplanarien fortdauernd die Kriechfläche entlang. Die Wasserplanarien stützen ihren breiten, abgeflachten Körper auf die gesammte Bauchfläche, die Landplanarien nur auf einen Längsstreifen der Bauchfläche, auf eine Sohle. Diese Kriechsohle ist durch das Landleben bedingt, gerade wie auch der walzenförmige Körper, während der breitgedrückte, die ganze Bauchfläche als Bewegungsmittel benutzende Körper nur für das Wasserleben sich eignet.

Geodesmus wackelt in der Bewegung von einer Seite zur anderen, denn bei ihm steht die durch die Sohle repräsentirte Unterstützungsfläche des Körpers zum Körperquermesser im Verhältniss von 1 : 5 (0,2 mm : 1 mm). Bipalium schaukelt viel weniger, weil hier das Verhältniss von Unterstützungsfläche (Sohle) zu Körperquermesser 1 : 3 bis 3,6 beträgt (z. B. 0,7 mm : 2,5 mm). Die zwei Sohlenstreifen von Bipalium wirken wie die zwei Kufen eines Schlittens; der gesammte von ihnen eingefasste Raum ist als Unterstützungsfläche des Körpers zu rechnen.

Stetigkeit und Richtung der Bewegung sind für alle beobachteten Land- und Wasserformen in demselben Sinne vorhanden. Die Stetigkeit eine gleichmässige, die Richtung eine vorwärts führende. Thatsächliche Rückwärtsbewegungen habe ich nur an Planaria polychroa beobachtet, wenn die Thiere in die zum Begattungsakt erforderliche Körperlage gelangen wollten. Diese Bewegungen waren stets

Spannerbewegungen, wie sie ähnlich auch Dendrocoelum lacteum ausführt.

Schnelligkeit der Bewegung.

Geodesmus bilineatus . . .	3—4	cm in der Minute
Dendrocoelum lacteum . . .	4,5	,, ,, ,, ,,
zuweilen	8	,, ,, ,, ,,
Bipalium kewense (beide Var.)	6—8	,, ,, ,, ,,
zuweilen	11	,, ,, ,, ,,
Polycelis tenuis	10—11	,, ,, ,, ,,
Planaria polychroa	13—15	,, ,, ,, ,,
zuweilen	20	,, ,, ,, ,,
Mesostomum tetragonum . .	16	,, ,, ,, ,,

Geodesmus legt in der Minute das doppelte bis dreifache seiner Körperlänge zurück, Bipalium kaum seine eigene Körperlänge. Die Ursachen sind unschwer zu erkennen. Das Verhältniss von Körperlänge zu Körperbreite beträgt bei Geodesmus 16 : 1, bei Bipalium 46 : 1 im Durchschnitt.

Ein Bipalium von 11—12 cm Länge wiegt rund 90 Milligramm. Bei 7 cm Schnelligkeit leistet es in der Bewegung pro Minute eine Arbeit von 0,000 006 3 Meterkilogramm, Geodesmus aber, der erwachsen 3 Milligramm wiegt, leistet selbst bei 4 cm Schnelligkeit in der Bewegung pro Minute nur den fünfzigsten Theil der Arbeit von Bipalium, nämlich 0,000 000 12 Meterkilogramm.

Kriech-, Brücken- und Gleitfaden. Die Wasserplanarien bilden wie die Landformen ihren Kriech-, Brücken- und Gleitfaden. Aber Dendrocoelum lacteum thut dies sehr selten und Planaria polychroa nicht regelmässig, während Polycelis tenuis immer Fäden zieht und in allen einschlagenden Fällen sich des Brücken- und Gleitfadens bedient. Benutzung und Bildung des Brückenfadens sind die gleichen wie bei den Landformen. Der Gleitfaden aber ist länger und haltbarer. Es kann dies nicht Wunder nehmen, wenn man bedenkt, wie der flache Körper der Polycelis vom Wasser getragen wird. Daher kann Polycelis ihren Gleitfaden nicht nur auf ein Vielfaches ihrer Körperlänge ausbilden, sondern an demselben auch wieder emporklettern.

Der Gleitfaden von Bipalium hat elipsenförmigen, der von Geodesmus und Polycelis kreisförmigen Querschnitt. Der Gleitfaden von Bipalium trägt auf 1 qmm Querschnittsfläche rund 2000 g[1]), der von

---

[1]) Beispiel: Bipalium, Gewicht 0,28 g. Gleitfaden 0,0186 mm breit, 0,0077 mm dick, also Querschnittsfläche 0,000 141 61 qmm.
0,000 141 61 qmm : 0,28 g sind gleich
141 61 qmm : 28 000 000 g oder
1 qmm : 1977,2 g.

Geodesmus rund 150 g[1]), der von Polycelis (in Luft) rund 80 g[2]). In Wirklichkeit hat der Faden von Polycelis noch viel weniger zu tragen, da er ja in Wasser benutzt wird und das specifische Gewicht von Polycelis dem von Planaria polychroa, das ich auf 0,97 bis 0,98 bestimmte, nahe oder gleichkommen dürfte.

Um die gefundenen Belastungswerthe weiter vergleichen zu können, habe ich noch folgende Berechnungen angestellt:

Es ist bekannt, dass Limax agrestis sich an einem Schleimfaden von einem höher zu einem tiefer gelegenen Punkte herablassen kann[3]). Ein solcher Schleimfaden von Limax hat rund 1000 g auf 1 qmm Querschnittsfläche zu tragen.

Die Belastung, welche der Spinnfaden einer Clubiona holosterina in seiner Verfertigerin zu tragen hatte, betrug 21 200 g pro qmm Querschnittsfläche.

Die Grenze der Tragfähigkeit für den Faden einer Seidenraupe (genommen von den schwächsten, eine Cocongruppe umhüllenden Gespinnsten) wurde erreicht bei einer Belastung von 230 g für den qmm Querschnittsfläche.

Stelle ich alle die berechneten Werthe zusammen mit einigen technischen Werthen, wie sie für die Festigkeitsgrenzen von Metallen[4]) bekannt sind, so erhalte ich folgendes:

Der Gleitfaden von Geodesmus trägt eine Belastung von 150 g für 1 qmm Querschnitt. Dieselbe Belastung würde der Spinnfaden einer Seidenraupe tragen können, während dieser Spinnfaden weit zurücksteht hinter der Festigkeit eines Limaxfadens. Der Geodesmusfaden aber übertrifft die Tragfähigkeit des Bleis. Denn dieses erreicht die Grenze seiner Zugfestigkeit schon bei einer Belastung mit

128 (gegossenes Blei),
135 (gewalztes Blei) g

für 1 qmm Querschnitt.

Der Gleitfaden von Bipalium trägt eine Belastung von 2000 g für 1 qmm Querschnitt, also das Doppelte der Belastung, welche ein Limaxfaden, aber nur den zehnten Theil der Belastung, welche ein Clubionafaden trägt. Dagegen entwickelt der Bipaliumfaden eine Festigkeit, welche etwa zehn Mal grösser ist als die eines Seidenraupenfadens und fast übereinkommt mit der des gewalzten Kupfers. Denn dieses erreicht die Grenze seiner Zugfestigkeit bei 2100 g Be-

---

[1]) Beispiel: Geodesmus, Gewicht 0,003 66 g. Gleitfaden 0,005 48 mm dick, also Querschnittsfläche 0,000 023 56 qmm.
0,000 023 56 qmm : 0,003 66 g = 1 qmm : 155,45 g.

[2]) Beispiel: Polycelis, Gewicht 0,015 426 6 g. Gleitfaden 0,0154 mm Durchmesser, also Querschnittsfläche 0,000 186 26 qmm.
0,000 186 26 qmm : 0,015 426 6 g = 1 qmm : 82,84 g.
Sämmtliche Berechnungen mit fünfstelligen Logarithmen.

[3]) Vergl. Eimer (12) und v. Martens (27).

[4]) „Absolute" oder „Zugfähigkeit" lautet die technische Bezeichnung.

lastung für 1 qmm Querschnitt. Gewöhnliche Ketten aus weichem Eisen, mit länglichen Gliedern, haben die gleiche Grenze bei 2400 g Belastung für 1 qmm Querschnittsfläche.

Der Limaxfaden kommt an Festigkeit dem Gusseisen gleich, denn dieses findet seine Festigkeitsgrenze bei
1050 g (weisses Gusseisen)
1100 g (graues Gusseisen)
Belastung für 1 qmm Querschnitt.

Der Faden der Clubiona übertrifft an absoluter Festigkeit den härtesten Gussstahl. Denn dieser erreicht seine Festigkeitsgrenze bei 14 287 g (härtester Gussstahl, schwarzroth gefärbt, grau angelassen) Belastung für 1 qmm Querschnitt. —

Längere Beobachtungen ergaben, dass die Wasserplanarien mit Hülfe des Schleimfadens, ihn von einem festen Punkte aus scheinbar ausziehend, auf der Unterseite des Wasserspiegels dahinkriechen, ähnlich wie Geodesmus auf der Oberfläche des Wassers sich dahinbewegt. Man wolle den Ausdruck „Unterseite des Wasserspiegels" gestatten. Geodesmus bewegt sich auf dem Wasserspiegel, der Körper oberhalb des Wassers; die Wasserplanarien kriechen an der Oberfläche des Wassers dahin, den Körper im Wasser.

Die specifischen Gewichte fand ich für
Bipalium kewense in beiden Varietäten zu 0,987
Geodesmus bilineatus . . . . „ 0,822...
Planaria polychroa . . . . „ 0,97—0,98.

In wie weit diese specifischen Gewichte für das obenstehend Mitgetheilte in Geltung zu treten haben, ergiebt sich leicht; auf andere Bedeutungen hinzuweisen liegt ausser dem Rahmen meiner Aufgabe.

III.
Nahrung und Nahrungsaufnahme.

Ueber die Ernährung der beobachteten Landplanarien ist bislang nicht viel bekannt geworden. Wie und wovon Geodesmus sich nähre, hat keiner der früheren Beobachter angegeben, und über die Bipalien hat auch nur Loman (25) mitgetheilt, dass die auf den grossen Sunda-Inseln lebenden Thiere sich von kleinen Gastropoden ernähren, indem sie diese mit ihrem Rüssel umhüllen und vermuthlich aussaugen.

Ich habe durch Versuche, welche über ein Vierteljahr sich erstrecken, erst erkunden müssen, dass meine Bipalien am liebsten von Regenwürmern sich nähren. Seltener werden Schnecken angenommen, und dann jedenfalls nur Nacktschnecken. Schnittstücke von Regenwürmern werden ebenso gern genommen als kleinere und mittelgrosse ganze Würmer. Nothwendig aber ist immer, dass das Nahrungsthier lebend ist. Das Bipalium betastet sehr regsam ein solches Thier, sucht von hinten auf dasselbe hinauf und nun, auf ihm vorwärts kriechend, über das Vorderende hinaus zu gelangen. Das Nahrungsthier bewegt sich natürlich sehr lebhaft, bäumt auf, schnellt sich hin und her, krümmt sich, aber das Bipalium heftet seinen Körper ganz breit dem des Nahrungsthieres auf, legt sich mit den Körpertheilen, welche nicht das Nahrungsthier berühren, der benachbarten Unterlage fest an und sucht auch meist um das Vorderende des Nahrungsthieres seinen Leib zu schlingen. Wenn das Thier zu gross, dann legt das Bipalium wenigstens seinen Körper U-förmig dem des Nahrungsthieres auf. Ob das Nahrungsthier inzwischen davonkriecht, hat keine Bedeutung; das Bipalium wird dann eben in einzelnen seiner Körperpartieen, mit welchen es der Unterlage angeheftet ist, stark gedehnt und lässt sich schliesslich von dem fortkriechenden Nahrungsthiere mit nachziehen, gegebenen Falls von einem Regenwurme in Erdlöcher hinein u. s. w. Vor allen Dingen ist das Bipalium bemüht, nachdem es einmal seinen Körper dem Nahrungsthiere aufgelagert hat, dort breit aufliegend sich langsam vorwärts zu schieben, bis es schliesslich die ganze Rüsselgegend seines Körpers auf das Nahrungsthier gebracht hat. Dann wölbt sich dieser Theil des Bipaliumleibes hoch empor, auf dem Sattel der Erhöhung erscheint eine Vertiefung, welche rasch nach unten sich senkt, während vor und hinter der Vertiefung jederseits zwei Buckeln sichtbar werden. In diesem Augenblicke, und indem der Bipaliumkörper in der Rüsselgegend ausserordentlich flach und breit wird, erscheint der Rüssel rechts und links des Bipaliumkörpers auf dem Nahrungsthiere je als ein kleiner, weisser, halbmondförmiger Fleck, der rasch grösser wird, sich ausbreitet auf dem Nahrungsthiere, in seinen Rändern sich in raschem Wechsel ein- und ausbuchtet. Immer mehr Pharynxfläche überzieht den Körper des Nahrungsthieres, schliesslich erscheint der Pharynx nur noch als eine dünne, den Körper des Nahrungsthieres umspannende Haut. Keine Bewegung des Nahrungsthieres vermag den Rüssel zu entfernen, er rückt, trotz jedem Ringen und Krümmen des gepackten Thieres, unaufhaltsam vorwärts, auch dann, wenn er zwischen Moos und Erde und Steinen, oder unter den Körperwindungen des angreifenden Bipaliums selbst sich vorwärtsschieben muss. Bald ist der Rüssel ganz ausgestülpt und um das Thier herumgelegt, die weisslichen Pharynxränder rücken auf einander zu und schliesslich steckt das ganze gepackte Thier oder doch ein grösserer Theil desselben vollständig in einem Sacke, welcher von dem Rüssel des Bipaliums gebildet wird. Innerhalb 7—15 Minuten, manchmal schon nach 3—6 Minuten, hat der Pharynx das Nahrungsthier umschlossen, dasselbe Nahrungsthier, dessen Grösse $1/10$ bis $1/6$ von der des Angreifers beträgt. Dann hält der Rüssel das Thier 1—5 Stunden lang fest. Die Beweglichkeit des Nahrungsthieres hört, wenn es ganz umschlossen wurde, bald auf, im anderen Falle erhält sie sich in dem nichtgepackten Theile fast bis zum Ende der Nahrungsaufnahme.

Durch das Sekret, welches der Pharynx absondert, wird der Körper des Nahrungsthieres gewissermassen Schicht für Schicht von aussen nach innen fortschreitend in Brei verwandelt. Der Brei wird durch die Flimmerhaare der Rüsselwandung, und durch Muskelcontractionen des Rüssels in den Leib des Bipaliums befördert. Niemals ist eine Bewegung wahrzunehmen, welche auf ein Saugen hindeuten könnte; der Körper des Bipaliums wird nur vom Munde ausgehend nach vorn und hinten zu allmählich etwas dicker und breiter, je mehr Nahrungsbrei in ihn eintritt. Das Bipalium liegt, nachdem der Rüssel über dem Nahrungsthiere geschlossen worden ist, ganz ruhig da; hatte es anfänglich nur einen Theil des Nahrungsthieres packen können, so schiebt es späterhin, wenn der gefasste Theil des Thieres aufgelöst ist, allmählich den Rüssel weiter nach vorn, so dass schliesslich auch das ganze Nahrungsthier umschlossen wird. Von sehr grossen Nahrungsthieren bleibt freilich ein Theil unverzehrt. Nach beendeter Nahrungsaufnahme wird der Rüssel wieder entfernt vom Nahrungsthiere. Seine Wiedereinbringung in die Rüsseltasche macht namentlich in den letzten Stadien oft grosse Schwierigkeiten. Es scheint da die Rüsseltasche noch vom Nahrungsbrei erfüllt zu sein. Von dem Nahrungsthiere bleibt, mit der schon genannten Ausnahme, meist nichts als ein formloser kleiner Klumpen zurück. Solche Reste und ebenso todte, wenn auch intakte Nahrungsthiere, geht ein Bipalium niemals an. Nach erfolgter Nahrungsaufnahme giebt das Bipalium öfter breiige organische Massen von sich, in denen immer Reste der Nahrungsthiere nachweisbar sind. Die Menge der aufgenommenen Nahrung schwankt von einem Zehntel bis zu einem Viertel vom Gewichte des aufnehmenden Thieres. Eine reichliche Mahlzeit genügt für 5 bis 7 Tage. Doch können die Thiere auch drei Monate und länger hungern.

Für Geodesmus habe ich das wirkliche Nahrungsthier nicht ermitteln können. Jedenfalls legt er sich an Schnittstücken von Regenwürmern alsbald an, buchtet den Rücken in der Pharynxgegend ein, bringt den Rüssel aus, aber breitet ihn nicht auf dem Nahrungsthiere aus, sondern legt ihn augenscheinlich nur dort an. Die aufgenommenen Nahrungsmassen schimmern durch den Darm durch und geben dadurch den Thieren oft ein rothbraunes Aussehen. Breiige Massen stösst auch Geodesmus nach der Nahrungsaufnahme aus. An pflanzliche Stoffe geht Geodesmus ebenso wie Bipalium nie; ich habe meine Pfleglinge nur mit Regenwurmstücken genährt und sie dabei in guter Verfassung erhalten. Zerschnittene Nacktschnecken nehmen meine Geodesmen weniger gern an.

IV.
Weitere Beziehungen zur Umgebung.

Die beobachteten Planarien haben natürlich neben den Beziehungen zu ihren Nahrungsthieren noch weitere Beziehungen zu ihrer todten und lebenden Umgebung. Es ist über diese bisher nicht gerade viel bekannt geworden. Man fand die Bipalien in den

Tropen an warmen, feuchten Orten, in Europa ebenso wie Geodesmus in Gewächshäusern. Immer erwiesen sich die Thiere als lichtscheu, wenn auch Geodesmus weniger als Bipalium. Viel umstritten, bald bejaht, bald verneint sind die Fragen: 1. besitzen die Bipalien ein Flimmerkleid und benutzen sie dasselbe, um Fremdkörper von ihrem Leibe zu entfernen? und 2. dienen die fadenförmigen Stäbchen, welche massenhaft in der Haut von Bipalium stecken, zu Vertheidigungszwecken? Dass Geodesmus ein Flimmerkleid trägt und Stäbchen ausschiesst, ist bereits von Mecznikow (28) geschildert worden.

Geodesmus und die beobachteten Formen von Bipalium liessen mich eine Reihe von Beziehungen zur todten und lebenden Umgebung erkennen, welche ich nach einem kurzen Blick auf die Sinnesorgane der Thiere im folgenden nennen werde. Dreierlei Sinnesorgane besitzen die beobachteten Landplanarien, Tast-, Seh- und Riechorgane. Die Tastorgane finden sich hauptsächlich am Kopfe, obwohl auch der gesammte übrige Körper ein hochausgebildetes Tastgefühl besitzt. Die Augen liegen bei Bipalium in grossen Mengen am Kopfe, Halse und an den Körperseiten, bei Geodesmus vorn am Kopfe in der Zweizahl. Bipalium wie Geodesmus müssen nach meinen Beobachtungen Organe besitzen, welche für chemische Reize empfänglich sind. Ob dies Geruchs-, oder Geschmacksorgane, oder beides zusammen sind, muss dahingestellt bleiben. Die betreffenden Organe finde ich bei Bipalium vorn am Kopfe, in den Sinnesgruben, welche in grosser Zahl dem Rande des Halbmondes eingefügt sind. Wo das oder die entsprechenden Organe bei Geodesmus liegen, weiss ich nicht, da ich das Thier mikroskopisch zu untersuchen nicht die Zeit hatte, frühere Beobachter aber keine Mittheilung machen. Dass aber Geodesmus Nahrungsstoffe durch den Geruch wahrnimmt auf Strecken, die vier- oder fünfmal länger als sein eigener Körper sind, glaube ich festgestellt zu haben. Bipalium scheint nicht auf so weite Entfernungen wahrnehmen zu können. Im Allgemeinen freilich ist die Sinnesthätigkeit und Wahrnehmungsfähigkeit der beobachteten Landplanarien überhaupt keine hohe. Sie bemerken in der Regel Gegenstände oder Wesen erst, nachdem sie nahe an dieselben herangekommen sind.

1) Beziehungen zur Luft. Das Luftbedürfniss der Thiere ist ein sehr geringes; kleine Mengen von Luft genügen für lange Zeit und auch an die Reinheit der Luft werden nur mässige Ansprüche gestellt. Erschütterungen der Luft sind ohne Bedeutung, aber andauernd wirksamen Luftströmungen suchen die Thiere auszuweichen.

2) Beziehungen zum Wasser. Das flüssige Wasser fliehen alle beobachteten Landplanarien. Wahrscheinlich dringt dasselbe irgendwie in ihren Körper ein, auch scheint es den von den Thieren abgesonderten Schleim zu lösen und dadurch den Thieren die Bewegung zu erschweren. In Dampfform dagegen ist das Wasser den drei Landplanarien unentbehrlich. Sie können nur in feuchter Um-

gebung leben, also in Luft von verhältnissmässig hoher Dampfspannung. Auch Feuchtigkeit der Unterlage ist nothwendig.

3) **Beziehungen zum Licht.** Die Thiere fliehen das Licht, auch das diffuse Tageslicht. Sie suchen ihren Körper immer im Dunkeln zu bergen, begnügen sich aber unter Umständen schon mit dem Dunkel, welches der im zerstreuten Tageslichte von einem Gegenstande geworfene Schatten bietet. Geodesmus ist weniger lichtscheu als Bipalium, aber gleich diesem bewegten sich die von mir gepflegten Geodesmen ungestört nur des Nachts. Bipalium scheint mit seinen Augen die Umrisse von Gegenständen im Lichte wahrnehmen zu können; für Geodesmus konnte ich nicht so viel Beobachtungen sammeln als nothwendig wären zur Aufstellung einer gleichen Behauptung.

4) **Beziehungen zur Temperatur.** Die von mir beobachteten Bipalien wurden in Gewächshäusern gefunden, u. zw. in Warmhäusern. Sie lebten also in einer Temperatur, welche zwischen 15 und 25° C. ihr Mittel hat, etwa 12° Minimum und ungefähr 30° Maximum erreichen kann. Doch ertragen die Bipalien Temperatur-Erniedrigungen bis nahe an 0°. Geodesmus scheint nach v. Kennel (21) den deutschen Winter in einem Haufen Haideerde überstanden zu haben. Meine Geodesmen fanden sich nur in Warmhäusern, deren Durchschnittstemperatur 12—19° betrug, Maximum 22—27°, Minimum 6—10°.

5) **Beziehungen zu anorganischen Fremdkörpern.** Die untersuchten Landplanarien wurden auf den verschiedensten Gegenständen der Gewächshäuser gefunden, ohne dass irgend welche Vorliebe für den einen oder anderen Gegenstand an sich zu erkennen gewesen wäre. — Wenn kleinere Fremdkörper auf die Haut der Landplanarien gelangen, so werden sie durch die Thätigkeit der die Haut überall bedeckenden Flimmerhaare nach hinten und seitwärts, seltener auch nach unten bewegt und durch Abstreifen bezw. Ankleben mittels Schleim an irgend welchen anderen Gegenstand entfernt.

6) **Beziehungen zu organischen Körpern.** Es ist bereits gesagt, dass die beobachteten Landplanarien von lebenden Thieren sich nähren, und für die Bipalien konnte ja auch das Nahrungsthier selbst ermittelt werden. Alle andern Thiere, und ebenso die pflanzlichen Wesen, werden von den Landplanarien gleich Anorganismen behandelt. Sie betasten dieselben, ziehen sich wohl auch nach erfolgter Berührung etwas zurück, aber überkriechen sie doch zuletzt noch, ohne sich in ihrer Bewegungsrichtung irre machen zu lassen. Vor lebhaft sich bewegenden Organismen halten sich die Landplanarien entfernt; gegen Organismen, welche eine Gefährdung mit sich bringen können, suchen sie sich wahrscheinlich in erster Linie durch die Flucht zu sichern. Wenn aber dies nicht gelingt und sie angegriffen werden, dann schiessen sie unfehlbar gegen den Störenfried ihre Stäbchen los. Freilich sind diese nur wirksam gegen Organismen, deren Körper

nicht durch festere Häute oder Decken geschützt ist. Doch können die Stäbchen die Schleimhäute eines Thieres, das eine Landplanarie aufgenommen hat, wohl verwunden.

V.
Vorkommen.

1) **Fundpunkte.** Die beobachteten Landplanarien sind bis jetzt nur als Gewächshausthiere oder Gartenflüchtlinge gefunden worden. Bip. kew. seit 1878 in den Gewächshäusern von Kew, von wo es, wahrscheinlich mit Orchideen, nach verschiedenen Orten Englands gelangt ist. In Australien ist Bip. kew. seit 1874 in Warmhäusern und, diesen entflohen, im Freien gefunden worden. Bip. vir. trat im Herbste 1886 im Orchideenhause des Berliner Kgl. Botanischen Gartens auf, seit Herbst 1888 im Orchideenhause des Herrn Hanisch in Leipzig-Anger-Crottendorf. Geodesmus ist nach Mecznikow (28) 1865 im Treibhause des Botanischen Gartens zu Giessen aufgefunden worden, 1876 durch v. Kennel (20,21) in einem Gewächshause des Würzburger Hofgartens, 1890 durch mich in Gewächshäusern bei Dresden.

2) **Heimath und Wege der Einschleppung.** Die wahre Heimath der Thiere kennen wir nicht. v. Kennel (21) legt die Vermuthung nahe, dass Geodesmus der deutschen Fauna angehöre und in Haideboden lebe. Aber das ist bisher noch niemals durch Auffindung auch nur eines einzigen Thieres in Haideboden ausserhalb gärtnerischen Kultur bestätigt worden. Ich neige der Ansicht zu, dass Geodesmus als aussereuropäische Form mit Pflanzen zu uns gekommen ist, vielleicht aus West- oder Ostindien, und dass er jetzt mit Gewächshauspflanzen, wahrscheinlich mit den unter den Gärtnern zahlreich gehandelten Pflanzen des Krullfarns, Adiantum cuneatum, von Warmhaus zu Warmhaus verschleppt wird.

Die Heimath von Bip. kew. ist vielleicht das westliche Sumatra. Wenigstens hat Loman (26) aus den von Professor Weber dort gesammelten Landplanarien eine Form (Bipalium dubium) beschrieben, deren Charakteristik in mehr als einem Punkte sich mit der von Bip. kew. deckt, wenngleich eine völlige Uebereinstimmung nicht besteht, ja sogar Widersprüche vorhanden sind.

Woher Bip. vir. stammt, habe ich trotz aller Mühe nicht mit Sicherheit feststellen können. Nur wahrscheinlich kann ich machen, dass es vom südasiatischen Festlande zu uns gekommen ist. Es ist eingeschleppt, und zwar leidet es wenig Zweifel, dass Orchideentransporte das Mittel abgegeben. Mit den Orchideen, welche, wie sie sind, ihrem Standorte vom Sammler entnommen, ungereinigt in die Kisten verpackt und dem Handlungshause zugesendet, von dort ebenso ungereinigt den Bestellern übermittelt werden, können die Bipalien ohne Schwierigkeiten mitgekommen sein.

VI.
Regeneration und Fortpflanzung.

Regenerationserscheinungen an Wasserplanarien sind längst bekannt, und auch für Landplanarien hat Darwin (6) sie an Formen von Tasmanien und Bergendal (3) an Bip. vir. beobachtet. Im Zusammenhange mit der Regeneration steht die ungeschlechtliche Vermehrung, welche von Bergendal (3) für Bip. vir. mitgetheilt wurde. Bergendal sah, dass abgeschnürte Stücke neuen Kopf und Pharynx bildeten, zu neuen Thieren sich regenerirten. Aehnliches beobachtete Fletcher (13) an Bip. kew. Für Geodesmus sind bisher weder Regenerationserscheinungen noch ungeschlechtliche Vermehrung bekannt geworden. Ueber die geschlechtliche Fortpflanzung dieser Landplanarie oder der Bipalien fehlt bis heute eine ausreichende Nachricht.

Werden Bipalien oder Geodesmen durchschnitten, so regeneriren sich beide Theilstücke; sie bilden, wenn erforderlich, neuen Kopf und Pharynx. Aus freien Stücken theilen sich meiner Erfahrung nach aber nur die Bipalien. Ich habe im ganzen von 7 Exemplaren 23 Abschnürungsstücke erhalten, aber niemals feststellen können, wie der Abschnürungsprozess verläuft. Aeusserlich deutete zu keiner Zeit etwas darauf hin, dass ein Thier abschnüren wolle. Mit Ausnahme eines Falles wurde immer die hintere Leibespartie in Länge von 1—2, seltener 3—4 Centimeter abgelöst, meist des Nachts. Die abgeschnürten Stücke, welche in demselben Sinne sich bewegen und verhalten wie die Mutterthiere, zeigen vorn eine kurze, stumpfe Endigung, welche an der Spitze einen weisslichen Fleck trägt. Jener Flecken vergrössert sich langsam nach vorn und den Seiten zu, anfangs als Zapfen, später als senkrecht gegen die Medianebene gestellte Platte. Innerhalb der ersten 8—11 Tage bleibt diese Kopfanlage, denn darum handelt es sich hier, weisslich und nur einige Augen erscheinen auf ihr. Während der nächsten vier bis fünf Tage zieht sich die Platte seitlich in zwei Zipfel aus, die Grundfärbung des Körpers tritt auf die Platte über und ebenso in zwei Feldern Pigment, das scheinbar von den Rückenstreifen und Seitenlinien ausgeht. Gegen Ende der zweiten oder zu Beginn der dritten Woche machen am Kopfrande sich seichte Einkerbungen kenntlich, ein Anzeichen dafür, dass die Sinnesgruben und Tastpapillen angelegt worden sind. Im Laufe der dritten und vierten Regenerationswoche erhält der Kopf seine charakteristische Gestalt, Färbung und Ausstattung mit Augen, auch werden die Einkerbungen seines Randes deutlicher, was darlegt, dass die Sinnesorgane zur völligen Ausbildung gelangt sind.

Die Entstehung des Rüssels macht sich äusserlich nicht wahrnehmbar. Gegen Ende der vierten Regenerationswoche verbreitert sich die Rückenlinie in der Körperlängsmitte: das ist das einzige äussere Anzeichen dafür, dass die Regenerationsvorgänge auch in der Pharyngealregion ihrer Endschaft entgegengehen. Am 30. oder

31. Tage nehmen die Thiere Nahrung an, ihre Regeneration ist beendet, der Rüssel ausgebildet, der Mund durchgebrochen. Bis zu dem angegebenen Zeitpunkte verweigern die Regenerationsstücke jede Nahrungsaufnahme, ihre Lebensprocesse spielen sich also ganz auf Kosten der ihren Körper aufbauenden Bestandtheile ab. Das zeigt sich auch äusserlich dadurch, dass die Stücke auf die ungefähre Hälfte ihres Volumens zurückgeführt werden. Ausserdem aber erleiden sie auch noch eine Streckung in der Längsrichtung und eine Verminderung ihrer Körperquermesser. — In der ersten Zeit der Regeneration liegen die Thiere Tag und Nacht auf demselben Platze, ein wenig zusammengerollt; wenn die Kopfanlage ungefähr Halbmondgestalt gewonnen hat, beginnen die Thiere ein wenig sich zu bewegen, ausgiebig aber erst in den letzten Tagen der Regenerationszeit. — Die Regeneration von Stücken, welche zwar einen Kopf, aber keinen Pharynx besitzen, verläuft in ähnlicher Weise wie die eben geschilderte, ebenso die von Stücken ohne Kopf, aber mit Pharynx. Künstliche Theilstücke regeneriren sich genau so, wie Abschnürungsstücke.

Es scheint, als ob die in europäischen und australischen Gewächshäusern beobachteten Bipalien sich nur durch ungeschlechtliche Vermehrung, durch Abschnürungsstücke, fortpflanzten; wenigstens ist mir keine entgegengesetzte Mittheilung bekannt geworden. Auch habe ich unter den von mir gepflegten Stücken niemals ein Thier gefunden, welches erkennbare Andeutungen von Geschlechtsorganen besessen hätte.

Geodesmus pflanzt sich hingegen, soweit mir bekannt ist, nicht ungeschlechtlich fort; auch haben meine Versuche, isolirte Thiere zu solcher Fortpflanzungsweise zu veranlassen, keinen Erfolg gehabt. Dagegen habe ich mehrfach Geodesmus halbirt, vor und hinter dem Pharynx, und die Theilstücke sich immer binnen 16—18 Tagen zu neuen Thieren regeneriren sehen. Dabei wurden Kopf und Pharynx neu gebildet, und der Körper des Theilstückes ging ähnliche Streckungen ein, wie sie für die Abschnürungsstücke der Bipalien charakteristisch waren.

Dendrocoelum lacteum, Planaria polychroa und Polycelis tenuis habe ich zur ungeschlechtlichen Vermehrung nicht veranlassen können. Dass Süsswasserplanarien sich ungeschlechtlich vermehren, ist seit Draparnaud (9), Dalyell (5), Johnson (18, 19) und Dugès (10, 11) bekannt, und neuerdings durch Beobachtungen von Zacharias (39) für Planaria subtentaculata, von Zschokke (40) für Planaria gonocephala und von v. Kennel (22) für Planaria fissipara belegt worden. In letztgenannter Planarie bildet das Theilstück fast seine gesammte Organisation aus, ehe die Trennung erfolgt, während Bipalium seine Theilstücke abschnürt, ehe in denselben irgendwelche neu zu beschaffende Organe angelegt sind. Zwischen diesen beiden Extremen scheint, nach den knappen Mittheilungen von Zacharias, Planaria subtentaculata zu stehen. v. Kennel (22) wendet sich, gestützt auf die vorläufige Mittheilung Bergendals (3), gegen die Anschauung, dass Bipalium wirklich eine ungeschlechtliche Vermehrung durch Quertheilung darbiete. Es handele sich hier nur um eine Regeneration verlorener Theile, um eine Regeneration von Körperstücken, welche nicht freiwillig, zum Zwecke der Fortpflanzung, abgeschnürt worden seien, sondern nur infolge eines äusseren, schädigenden Eingriffes. Meine Befunde vermögen diese Ansicht v. Kennel's nicht genügend zu stützen.

C.
Anatomie von Bipalium kewense und Bipalium kewense var. viridis.

Die nachfolgenden Untersuchungsergebnisse bieten keine erschöpfende Darstellung, sondern nur die Hauptpunkte eines Entwurfes. Die zu Grunde liegenden Erfahrungen wurden gewonnen durch Beobachtung des lebenden Thieres und Untersuchung von Schnittserien. Die Thiere wurden hierfür getödtet in einer auf ca. 50 °C erwärmten Mischung von 100 Th. kaltgesättigter wässriger Sublimatlösung, 100 Th. Wasser und 2 Th. Essigsäure, in Alkohol gehärtet, in Paraffin eingebettet, 0,005 mm stark quer, 0,0075 mm stark längs geschnitten, in toto gefärbt mit Pikrokarmin oder mit Pikrokarmin und Haematoxylin, und in Canadabalsam eingeschlossen.

I.
Ueberblick über die Organisation.

Eine einschichtige, einer Basalmembran aufsitzende Epidermis umschliesst allseits den ungefähr cylindrischen Körper. In der überall Cilien, in der Sohlenpartie sogar sehr lange und starke Wimpern tragenden Haut liegen Stäbchen und Ausführungsgänge von Schleimdrüsen; unter der Basalmembran ein Hautmuskelsystem. Die Grundsubstanz des Körpers wird gebildet von dem Parenchym. Diesem sind die übrigen Organe eingelagert, Muskeln, Darm, Wassergefässe und Nerven; im Parenchym selbst nehmen Stäbchen, Schleimdrüsen, Speicheldrüsen und Pigment ihre Entstehung. Die Körpermuskeln sind, wie bei den Plattwürmern überhaupt (Leuckart (24), wesentlich nach den drei Richtungen des Raumes angeordnet, als Längs-, Quer- und Steil- oder Schrägmuskeln. Sie umspinnen Darm- und Nervensystem, treten zum Theil in den Pharynx ein und durchsetzen oft die nervösen Hauptcentren. In gewissen Ausläufern erreichen sie die Basalmembran; zumeist aber sind sie nach kürzerer oder längerer Erstreckung verästelt im Parenchym, so dass die Verästelung zur Insertion führt. Der Darm beginnt mit einer central in der mittleren Leibespartie gelegenen Mundöffnung, welche in die Pharynxtasche führt. An der Wand der Pharynxtasche inseriert der cylindrishe

Pharynx, in dessen Wandung die Ausführungsgänge der Speicheldrüsen eintreten. Aus der Pharynxtasche führt eine kopfwärts gelegene Oeffnung in den Vorderdarm, je eine seitliche Oeffnung in die beiden Schenkel des Hinterdarmes. Der Vorderdarm giebt nach beiden Seiten und im Kopfe nach vorn zahlreiche Divertikel ab, der rechte Schenkel des Hinterdarmes aber solche nur nach rechts, der linke nur nach links. Vor dem Leibesende vereinigen sich beide Darmschenkel. Das Wassergefässsystem besteht aus leicht gewundenen Hauptstämmen, welche an der Grenze der Körpermuskulatur in grösserer Zahl dorsal und lateral des Darmes, in kleinerer Zahl ventral des Darmes hinziehen, Wimpertrichter in das Parenchym einsenken und Ausführungsgänge nach aussen, nach der Haut, absenden. Das Nervensystem baut sich auf aus einem im Kopfe gelegenen, ungefähr halbmondförmigen Gehirn und zwei von demselben ausgehenden, unterhalb des Darmes nach hinten ziehenden Längsstämmen. Diese Längsstämme (Seitennerven) sind durch zahlreiche Commissuren unter sich verbunden und vereinigen sich schliesslich ganz vor dem Leibesende; sie geben zahlreiche Zweige ab nach allen Organen des Körpers. Mehrfach breiten sich Nervengeflechte um oder unter Körperorganen aus. An Sinneswerkzeugen sind Augen am Kopfe, Halse und längs des ganzen Leibes, Sinnesgruben und Tastpapillen am Rande des Kopfes ausgebildet. Irgend welche Genitalorgane kamen in den untersuchten Thieren nicht zur Beobachtung.

II.
Haut.

Moseley (29) und Loman (25) haben gezeigt, dass die Haut der Bipalien sich aufbaut aus hochcylindrischen, einer dünnen, durchlöcherten Basalmembran aufsitzenden Zellen, zwischen denen die Stäbchen liegen. Die Hautzellen der Sohle tragen lange und starke Flimmerhaare, aber sonst sind, mit Ausnahme der Sinnesgruben am Kopfe, nirgends am Körper auf Schnitten Flimmerhaare bemerkbar. Bergendal (3) hingegen sagt: „der ganze Körper (von Bip. vir.) ist mit Cilien versehen." Durch die Haut gehen die Ausführungsgänge der Schleimdrüsen, welche, gleich den Stäbchen, im Parenchym unter der Hautmuskulatur ihre Entstehung nehmen. Von Stäbchen sind zwei Formen vorhanden, kurze keulenförmige, gleichmässig über den Körper vertheilt, und lange, nadelartige, welche nur auf dem Rücken und auf den Seiten sich finden. Im Gegensatz zu anderen theilt Bergendal (3) mit, dass auf Reizung die Stäbchen beider Arten ausgeschossen werden.

Ich habe hier wie auch in allen späteren Abschnitten immer nur das anzuführen, was gegen das bekannte spricht oder dasselbe weiterzuführen geeignet ist. — Die Sohlenzellen sind halb so hoch als die Zellen der übrigen Epidermis, aber dafür dicker. Zwischen beiden Zellen-Arten findet ein allmählicher Uebergang statt. Die gesammte Epidermis des lebenden Bipaliums ist mit Flimmerhaaren besetzt. Diese sind ausserordentlich kurz und fein, 3,5 bis 5 μ lang, und sicher noch nicht $^1/_2$ μ dick. Nahe der Sohle werden sie grösser und stärker, bis sie endlich eine Länge von 7,8 bis 11,7 μ auf den Sohlenleisten erreichen. In der Rinne werden sie wieder etwas kürzer. — Die Hautstäbchen sind von zweierlei Art, die einen, die Hautstützen, kurz, dick, keulenförmig, die anderen, die Hautnadeln, lang, dünn, fadenförmig. Die Hautstützen werden ohne Verletzung der Haut niemals, die Hautnadeln dagegen bei jeder Reizung ausgeschossen. Die Stützen fehlen nur am Kopfrande, auf den Sohlenleisten und in der Sohlenrinne, die Nadeln dagegen fehlen sowohl der Kopf- als der Sohlenhaut und sind auch in der Bauchhaut dünn gesäet, nehmen aber nach den Seiten an Zahl zu und sind massenhaft vorhanden in der Rückenhaut. — Die Schleimdrüsen sind zahlreicher in der Bauch- als in der Rückengegend, fehlen aber auch dem Kopfe nicht.

Der Nachweis, dass der gesammte Bipaliumkörper flimmert, lässt sich leicht erbringen, wenn man ein sich bewegendes Thier oder das von einem lebenden Thier genommene Hautstück unter Wasser untersucht. Man sieht dann an jeder Körperpartie die Flimmerhaare deutlich und lebhaft sich bewegen. Das Ausschiessen der Nadeln lässt sich am lebenden Thier beobachten, wenn man dasselbe in Kochsalzlösung unter dem Deckglase hinkriechen lässt und es dabei reizt. Die gereizte Körperstelle flacht sich ab und die Nadeln werden ausgeschossen (sie zerfliesen in reinem Wasser, daher die Kochsalzlösung). Es lassen sich hier in Kürze die Gründe nicht auseinandersetzen, welche mich zu der Vermuthung geführt haben, dass das Ausschiessen der Nadeln ohne die direkte Hilfe von Hautmuskeln zu stande kommt; ich vermuthe, dass das Plasma der Hautzellen sehr contractil ist, dass infolge einer Reizung die Hautzellen sich der Länge nach zusammenziehen und so, indem sie sich der Breite nach vergrössern, die zwischen ihnen gelegenen Hautnadeln hervorpressen. Aus der Contractilität des die Hautzellen aufbauenden Protoplasmas glaube ich auch eine andere Vermuthung ableiten zu können. Getödtete Bipalien zeigen nur noch die Flimmern der Sohle, nicht aber die kleinen Flimmerhaare der übrigen Körperoberfläche. Die Flimmern sind doch Fortsätze des Plasmas, welche durch eine dünne Cuticula hindurch nach aussen gestreckt werden. Die Conservirungsflüssigkeit, in welcher die Thiere abgetödtet werden, bringt einen gewaltigen Reiz auf die Haut hervor, das beweisen die Nadel- und Schleim-Massen, welche in förmlichen, dem unbewaffneten Auge schon sichtbaren kleinen Wolken vom Bipaliumkörper ausgehen. Werden hierbei die Hautzellen der Länge nach contrahirt, dann müssen auch die flimmernden Fortsätze eingezogen werden. Dass die Sohlenwimpern nicht auch eingezogen werden, das liegt vielleicht daran, dass sie — wenn überhaupt retractil — im Vergleich zu den Sohlenzellen und der dort vorhandenen dickeren Cuticula zu lang sind, um ganz in die Zellen zurückgebracht werden zu können. Wie gesagt, es sind dies nur Vermuthungen, welche freilich auch einige Stütze dadurch erhalten, dass die zahlreichen, an Bipalien vorgenommenen Versuche genau dasselbe Ergebniss hatten, als sie auf Dendrocoelum lacteum und Polycelis tenuis ausgedehnt wurden.

v. Kennel (22) hat neuerdings die Ansicht ausgesprochen, dass die Hautnadeln der Planarien geformtes Drüsensekret seien und, im Wasser sich zu Schleim auflösend, dem Fange und Festhalten der Beute zu dienen hätten.

III.
Grundgewebe.

Das Grundgewebe (Parenchym oder Mesenchym) der Bipalien stellt sich dar als ein maschiges Flechtwerk, das aus verästelten, mit Kernen versehenen Zellen sich aufbauend, die Räume zwischen Basalmembran und Körperorganen ausfüllt. Das Pigment liegt im Parenchym. Die Grundfärbung des Körpers wird hervorgebracht durch entsprechend gefärbte, runde, kernlose Elemente des Parenchyms, die schwarzbraunen und violetten Zeichnungen des Kopfes und Leibes durch kleine, rundliche, selten etwas verästelte schwarze Körperchen, welche unter der Hautmuskulatur im Grundgewebe lagern. Umgewandelte Parenchymzellen sind wohl auch die Speicheldrüsen, welche als einzellige Drüsen vom zweiten bis vierten Fünftel des Leibes rings um den Darm in grossen Mengen sich finden. Ihr Sekret tritt, wahrscheinlich nicht durch besondere Ausführungsgänge, sondern wohl nur auf den Zügen und in den Maschen des Parenchyms, in die Rüsselwandung hinein.

IV.
Muskeln.

Moseley (29) fand in seinen ceylonischen Bipalien äussere Ring- und Schrägfasern, äussere Längsfasern, innere Längs- und Ringfasern. Loman (25,26) gelangte zu dem Ergebniss, dass fünf Muskelsysteme vorhanden seien, 1) Ring- und Schrägmuskeln unter der Basalmembran, 2) äussere Längsbündel, 3) zerstreut im Parenchym liegende Radiärfasern, 4) Längsfasern und 5) Querfasern. Bergendal (3) schreibt: „Die Muskulatur besteht aus einer äusseren Ringmuskellage, äusseren Längsmuskelbündeln, und einer grossen Menge von inneren Längsfasern, zu welchen Dorsoventral- und Transversalfasern kommen." Loman schildert noch einiges von der Muskulatur der Sohle; über die Histologie der Muskeln bringt kein Beobachter eingehende Mittheilungen.

1) **Vertheilung der Muskeln.** Die Muskulatur ist am stärksten entwickelt im vorderen Drittel des Leibes, am schwächsten in der Rüsselgegend. Unter der Basalmembran liegt die Hautmuskulatur, dann kommt nach innen zu ein Cylindermantel von Parenchym

(welcher Pigment, Schleimdrüsen und Stäbchenmutterzellen enthält), und hierauf die Körpermuskulatur.

2) Vier Arten von Muskeln sind vorhanden. α) Die Längsmuskeln verlaufen als dünne Fasern im Bereiche der Hautmuskulatur, als dünnere Faserbündel in der äusseren, als dickere Faserbündel in der inneren Zone der Körpermuskulatur. β) Die Quermuskeln laufen als einfache Fasern oder Faserbündel in der Ebene, welche man sich durch die beiden Seitenlinien gelegt denken kann. Durch Theilung der Quermuskeln entstehen Radiär- und Circulärmuskeln, ja selbst Dorsoventralmuskeln. γ) Die Schrägmuskeln durchziehen den Körper in der Richtung vom Rücken nach dem Bauche, unter den verschiedensten Neigungswinkeln gegen Median- und Transversalebene, bald ganz steil, bald sehr schräg. Ihre Verzweigungen ergeben Ring- und Radiärmuskeln oder „Fasern". d) Unzweifelhafte Ringmuskeln finden sich nur in der Hautmuskulatur, aber auch hier nur in geringer Anzahl.

3) Bau der Muskeln. Kein Muskel ist unverzweigt, und die stärkeren Muskeln besitzen dort, wo ihre Verzweigungen beginnen, einen Kern. Das Auftreten des Kernes an diesen Stellen ist ein ganz regelmässiges und ausnahmsloses, was ich umsomehr betonen muss, als man in erwachsenen Tricladen keine Muskelkerne nachgewiesen hat. Nur Mecznikow (28) sah in einzelnen isolirten Muskeln von Geodesmus Kerne. In frühen Entwicklungsstadien sind die Muskeln der Tricladen nach Jijima (17) kernführend, die Polycladen aber besitzen, wenn erwachsen, nach Lang (23) in den dorsoventralen Muskeln Kerne.

4) Die Muskeln stehen unter sich in innigen Beziehungen. Benachbarte sind, einerlei, ob gleicher oder verschiedener Art, immer mit einander durch Anastomosen verbunden. Daneben kreuzen sich die Muskeln aller Systeme in der verschiedensten Weise.

5) Zu anderen Körperorganen haben die Muskeln mannigfache Beziehungen. Einmal inseriren die Muskeln entweder an der Basalmembran, oder im Parenchym, oder im Nervengewebe, immer aber inseriren die Muskeln nur durch ihre feinsten Ausläufer. Die lang durch den Körper sich erstreckenden Längsmuskeln senden auf ihrem Wege viele kleine Ausläufer ab in das Parenchym, sich so von Strecke zu Strecke befestigend.

Unter der Basalmembran liegt die Hautmuskulatur, bestehend aus wenig Ringfasern, aus Längsfasern und aus zahlreichen sich kreuzenden Schrägfasern. Die Körpermuskulatur ist im Kopfe ganz besonders stark entwickelt; mächtige Längsmuskeln strahlen dort zwischen Gehirn und Darm fächerartig aus, Schrägmuskeln, die z. Th. vom Parenchym begleitet das Gehirn durchsetzen („Substanzinseln") unterlagern in dicker Schicht das Gehirn, Quermuskeln ziehen dicht aneinander zwischen Gehirn und Darm dahin und erscheinen über dem Darme wieder in gedrängten Massen.

Der Leib zeigt Nerven und Darm umsponnen von dicken Längsmuskeln. Zwischen Darm und Nervenstämmen laufen zahlreiche Quermuskeln hin, die sämmtlich büschelförmig ausstrahlen in ihren Enden und mit vielen ihrer Fortsätze die Basalmembran erreichen. In die Septen zwischen den Darmbuchten gehen mächtige Fortsätze der Quer- und Schrägmuskeln, Steilmuskeln durchsetzen die Septen, Schrägmuskeln laufen, über oder zwischen den Nervenstämmen einsetzend, durch die Septen, oder ziehen, aus den Nervenstämmen kommend, oder um diese herumgreifend, auf den verschiedensten Wegen durch den Körper. Sie senden bauchwärts gegen die Sohle ein ausserordentlich dichtes Geflecht von feinen und feinsten Ausläufern, das an die Basalmembran der Sohle herantritt, aber in seinen Maschen durchsetzt ist von Längs- und Schrägfasern der verschiedensten Art. So kommt ein mächtig entwickeltes Muskelnetz über der Sohle zu Stande. Aehnlich, wenn auch lange nicht so bedeutend, ist das Netz von Muskeln, welches durch Verzweigungen und Anastomosen von Längs-, Schräg- und Quermuskeln gebildet, Darm und Nervenstämme dorsal und lateral umspinnt.

b) Die Wirksamkeit der Muskeln allein vermag nicht die Bewegungen zu erklären, welche die Bipalien ausführen. Es muss neben dem contractilen Element der Muskeln noch ein elastisches Element im Bipaliumkörper vorhanden sein, und als solches betrachte ich nach dem Vorgange von Leuckart (24) das Parenchym und auch das Nervengewebe. Das elastische Grund- und Nervengewebe bilden die Antagonisten der contractilen Muskeln, sie gleichen die von diesen bewirkten Zusammenziehungen des Körpers oder einzelner seiner Theile wieder aus u. s. w. u. s. w.

V.

Darm.

Ueber den Verdauungsapparat der Bipalien ist bis jetzt Folgendes mitgetheilt worden: Der ventral gelegene Mund führt als eine rundliche, von zahlreichen Muskeln umsponnene Oeffnung in die langgestreckte Rüsseltasche. Ob das undeutlich ausgebildete Epithel der Tasche flimmert, ist zweifelhaft. Aus der Rüsseltasche leitet vorn eine Mündung in den Vorderdarm, der vor der Tasche die beiden hinteren Darmäste abgiebt. Der Rüssel ist ein echter pharynx plicatus, mit seiner Tasche „nur über eine kurze Strecke der Oberseite" verwachsen. Das Epithel der Pharynx-Innenseite flimmert; unter dem Epithel starke Ringmuskeln, hierauf Längsmuskeln. Längsmuskeln und Radiärfasern auch im Parenchym der Pharynxwand. In den hinteren Theilen des Pharynx die Ausführungsgänge der Speicheldrüsen. Der Pharynx wird zur Glocke oder zum Teller ausgestülpt. Der vordere Darmschenkel sendet nach beiden Seiten Buchten, die beiden hinteren, durch eine dünne Bindegewebsscheide getrennten Schenkel nur nach aussen. Die Buchten gehen von den Darmschenkeln mit ovalen Oeffnungen ab, gabeln sich und reichen nahe bis zur Körperoberfläche. Im Kopfe breiten sie sich fächerförmig aus nach vorn. Darmzellen hoch cylindrisch, direct dem Parenchym aufsitzend; Kern nahe der Basis, obere Partie der Darmzellen oft kolbig angeschwollen, von Körnern angefüllt, welche der aufgenommenen Nahrung entstammen. Nach Moseley (29) in den Darmzellen nicht selten ein „leber-ähnliches" Pigment.

Ich führe im Folgenden nur diejenigen meiner Befunde an, welche das oben Mitgetheilte erweitern können oder ihm entgegenstehen.

1) Mund. Der Mund ist im zweiten Leibesdrittel des Thieres gelegen, zwischen den beiden Sohlenleisten, gewissermassen ein kurzer Hohlcylinder, welcher der hier nicht besonders dicken Körperwandung eingefügt ist. Das Epithel des Mundes wird bis zur halben Höhe des Cylinders von dem flimmertragenden Epithel der Sohlenhaut, zur anderen Hälfte von dem flimmerlosen Epithel der Rüsseltasche gebildet. Die dem Epithel unmittelbar benachbarte Längsmuskulatur des Mundes geht aus Quer- und Schrägmuskeln der Rüsseltasche und des Körpers hervor, die Ringmuskulatur des Mundes aus Körper-Längsmuskeln. Von den beiden Nervenstämmen wird der Mund mit einem das Epithel unterlagernden Nervengeflecht versehen. Vor und hinter dem Munde befindet sich ein ausserordentlich starkes und dichtes, den Raum zwischen Rüsseltaschenboden, Nervenstämmen und Sohle ausfüllendes Muskelgeflecht.

2) Die Rüsseltasche erscheint als ein Hohlraum von der ungefähren Gestalt eines Rotationsellipsoides, die Längsaxe parallel und über der Körperhauptaxe des Thieres gelegen. Dorsal rückt die Rüsseltasche bis nahe an die Haut, vorn und hinten ist sie in je einen dorsalen und ventralen Zipfel ausgezogen. Die gesammte Länge der Rüsseltasche beträgt etwa $1/7$ bis $1/8$ der Körperlänge des Thieres. Das Epithel der Tasche ist einschichtig, niedrig, die Zellgrenzen nicht erkennbar. Bis zur Höhe der seitlichen Darmmündungen trägt es Flimmern. Nur der Boden der Rüsseltasche besitzt eine eigene Muskulatur, nämlich eine das Epithel direkt unterlagernde Ringmuskulatur, und darunter eine Längsmuskulatur. Sonst wird die Rüsseltasche umsponnen von zahlreichen Körper-Quer-, Längs- und Schrägmuskeln. Drei Oeffnungen führen aus der Rüsseltasche in den Darm; eine vordere, von der Gestalt eines die Concavität dem Bauche zukehrenden Hufeisens, in den vorderen Darmschenkel; zwei seitliche, von ovalem Lumen, in die beiden hinteren Schenkel. Die beiden seitlichen Oeffnungen liegen ein Stück hinter der vorderen. Die Epithelien der Rüsseltasche und des Rüssels gehen in diesen Oeffnungen continuirlich über in das Darmepithel. Ebenso in den Darmbuchten, welche zwischen der vorderen und den beiden seitlichen Darmöffnungen liegen.

3) Der Rüssel ist ein seitlich zusammengedrücktes Trichterrohr („kragenförmiger Pharynx" Lang's). Mit dem Rande der engeren

Oeffnung ist der Pharynx der Tasche eingefügt, im vorderen Theile der Tasche deren Bauchwand, also dem Boden, im hinteren deren Rückenwand, also der Decke. Mithin verläuft die Insertionslinie des Rüssels schief von vorn unten nach oben hinten. Ein Querschnitt durch den Körper des Bipaliums trifft demnach auch den Pharynx fast im Längsschnitte, ein Transversalschnitt des Körpers den Rüssel im Querschnitt. Der Pharynx liegt in der Tasche zusammengefaltet auf drei Weisen zugleich. Einmal ist das Trichterrohr ein- und ausgekrempelt, d. h. ein Theil des Rohres in- oder um den anderen geschlagen, so wie ein Rockärmel auf- oder eingeschlagen wird. Dann ist zweitens die gesammte Rohrwand gefaltet wie eine Halskrause oder wie die Besätze an Damenkleidern, und endlich ist der freie Rand der Pharynx bald nach aussen, bald nach innen geschlagen, so dass der freie Rand bald an dieser, bald an jener Stelle die Wandung hinauf- und hinabsteigt. Im grössten Theile der Pharynxtasche ist der Rüssel so gefaltet, dass seine Wand dorsal der Insertionslinie sich befindet; im hinteren Theile aber liegt sie stets ventral. In den vorderen und hinteren dorsalen Zipfel der Tasche erstrecken sich mächtige Falten des Rüssels. Soll der Rüssel ausserhalb der Tasche erscheinen (Nahrungsaufnahme), so muss er vollständig umgekrempelt werden. Es würden somit die Begriffe innere und äussere Fläche des Pharynx wechselnde Bedeutung haben. Ich bezeichne daher diejenige Fläche, welche bei der Nahrungsaufnahme dem Nahrungsthiere aufliegen muss, als die berührende, und die entgegengesetzte Rüsselfläche als die freie.

Das Grundgewebe des Rüssels ist Parenchym. Bereits eine ziemliche Strecke vor der Rüsseltasche erhebt es sich als Leiste, welche in das Lumen des Vorderdarmes hineinragt. Im vorderen Ende der Rüsseltasche theilt sich die inzwischen immer höher aufgestiegene Leiste in zwei Seitenblätter, welche der Taschenwand angefügt sind und in ihrer Insertionslinie aufwärts rücken, bis sie sich schwanzwärts, im hinteren Ende der Rüsseltasche, wieder vereinigen zu einer einzigen Leiste, die bald darauf im dorsalen hinteren Zipfel der Tasche verstreicht. So ist das Rüsselrohr in seiner Grundanlage gebildet.

Das Epithel des Rüssels ist einschichtig, aus flachen Zellen aufgebaut, die Kerne gross, die Zellgrenzen niemals wahrnehmbar. Das Epithel trägt einen Cuticularsaum und grosse Flimmerhaare, welche beide auf der freien Fläche des Rüssels verschwinden. Das Epithel der freien Fläche geht über in das der Rüsseltasche, das der berührenden Fläche vorn auf der Leiste in das Darm-Epithel, im übrigen vorderen Theile der Rüsseltasche in das Darmepithel der Buchten und der beiden seitlichen Schenkel-Oeffnungen; dann aber rückt es, je höher die Insertionslinie des Rüssels zu liegen kommt, desto höher an der Taschenwand empor und im hinteren Theile ist schliesslich auch die gesammte dorsale Partie der Tasche von flimmerndem Pharynx-Epithel überzogen.

Unter dem Epithel des Rüssels liegen ein bis drei Fasern dick Längsmuskeln, welche an der Insertionsstelle des Rüssels aus Körpermuskeln hervorgehen. Im Innern der Pharynxwände ziehen sich Schrägmuskeln hin, die ebenfalls oft als Längsmuskeln erscheinen. Unter den das Epithel unterlagernden Längsmuskeln liegen Ringmuskeln, dreissig und mehr Faserlagen stark nahe der Basis der berührenden Fläche, nach dem freien Rande zu an Zahl abnehmend und auf der freien Fläche bis zum Taschen-Epithel nur noch drei bis sieben Lagen mächtig. Diese Ringmuskeln gehen auch an der Insertionsstelle des Rüssels aus Körpermuskeln hervor. Reine Quermuskeln ziehen im Pharynx von einer Wand zur andern. Die Schrägmuskeln des Rüssels sind sämmtlich Ausläufer von Körper-, Schräg- und Quermuskeln. Selten ist ein Rüsselmuskel unverzweigt, und alle treten, wenigstens mit ihren letzten Zweigen, an das Epithel heran, verschmelzen diesem.

Die Innervirung des Rüssels erfolgt von den Längsnervenstämmen aus. Unter dem Längs- und Ringmuskelsystem der Rüsselwandung liegt ein Nervengeflecht, das auf der berührenden Seite und am freien Rande am stärksten entwickelt ist.

Das Sekret der Speicheldrüsen tritt in die Pharynxwandung ein und dort auf der berührenden Fläche, namentlich auch am freien Rande, nach aussen. Ob auf besonderen Bahnen, war nicht festzustellen.

4) Die Darmschenkel gehen, wie schon gesagt, mit besonderen Oeffnungen aus der Rüsseltasche ab und senden, die vorderen nach beiden Seiten, die hinteren nur nach der äussersten, ihre Buchten ab, die hinteren erst, nachdem sie die Rüsseltasche passirt haben. Die Auskleidung ist die bekannte durch Kolbenzellen.. Diejenigen Darmzellen, welche Nahrungskörnchen enthalten, weisen niemals jenes leberähnliche Pigment (Moseley) auf, während Zellen ohne Nahrungskörnchen stets diese kleinen, in Pikrokarminpräparaten gelblich olivengrün erscheinenden Pigmentkörnchen besitzen. Pigmentkörnchen und Nahrungskörner schliessen also einander aus. Wenn auch die Darmzellen nicht einer Tunica propria aufsitzen, so habe ich doch immer den Eindruck gewonnen, als wären namentlich die ventral gelegenen Darmzellen einem feinen Gespinst von Muskelfasern aufgeheftet. — Im hinteren Leibesende vereinigen sich die beiden Darmschenkel in einer rückwärts gelegenen Erweiterung oder Auftreibung.

5) Die Wirksamkeit der nahrungsaufnehmenden Organe kann hier in einem Auszuge nicht genügend geschildert werden. Nur die Hauptpunkte seien genannt. Nicht allein das Parenchym des Rüssels muss elastisch sein, sondern es muss dies noch viel mehr das Epithel sein. Nur wenn dies der Fall, lässt sich erklären, wie der Pharynx schleierartig sich über das Nahrungsthier breiten kann. Das durch Druck der in der Rüsselwandung befindlichen Quermuskeln ausgepresste Speichelsekret löst das Nahrungsthier von aussen nach

innen fortschreitend auf, der Nahrungsbrei wird in die Rüsseltasche und dort in die Darmschenkel hineingeflimmert, unter Mithilfe von Muskelcontractionen. Die Darmzellen verkürzen sich hierbei auf ein Viertel ihrer sonstigen Länge, nehmen dann sich allmählich wieder ausdehnend und wahrscheinlich amöboid fressend die Nahrungstheile auf und verarbeiten dieselben unter Mithilfe des leberähnlichen Pigments.

VI.

Wassergefässe.

Ueber die Wassergefässe von Bipalium hat bis jetzt nur Bergendal (3) Mittheilungen gebracht. Er fand „1) Wimpertrichter mit einer sehr starken Wimperflamme, 2) unregelmässig oder netzförmig verlaufende Kanäle und 3) Längsstämme. Diese letztgenannten sind schwach wellenförmig geschlängelt und liegen gewöhnlich in einer Anzahl von zwei oder mehreren jederseits dorsal und lateral von den Darmverzweigungen. Auch ventrale Längsstämme sind beobachtet worden. Die Längsstämme bestehen aus grossen durchbohrten Zellen, und zeigen dicke Cilien. — — — Von den Längsstämmen gehen quere, gerade Canäle ab, die zum Theil Ausmündungscanäle, zum Theil Sammelcanäle sein dürften. — — Am Kopfe sieht man sowohl auf der dorsalen wie auf der ventralen Seite eine grosse Menge von nahe der Oberfläche gelegenen Canälen, die bogenförmig oder netzartig verlaufend, zuweilen fast knäuelförmige Schlingen bilden. In diesen Canälen habe ich mehrmals Bildungen gesehen, die ich vorläufig als starke Wimperzungen deuten muss. — — — Mit diesen netzbildenden Canälen stehen die Wimpertrichter durch sehr schmale längere und kürzere Canäle in Verbindung, in welchen gewöhnlich keine Bewegungserscheinungen vorkommen. Die Wimpertrichter liegen oft in Gruppen zu 3 oder 4 zusammen und zeigen eine grosse gerundete Excretionszelle, in der ich mehrmals Vacuolen, welche sich in den Trichter entleerten, beobachtet habe. Fast regelmässig liegen Wimpertrichter in den Randpapillen des Kopfes."

Ich habe nur die Längsstämme und deren Verzweigungen studiren können. Die Hauptstämme verlaufen ungefähr parallel der Körper-Hauptachse in der Körpermuskulatur, zwischen jenen zwei Zonen der dünneren und dickeren Längsfaserbündel. In der vorderen Leibeshälfte liegt ein mittlerer Stamm über dem Hauptdarmschenkel, zwei seitliche lateral der Darmbuchten, ungefähr in Höhe der Seitenlinien. Zwischen dem mittleren und den beiden seitlichen verlaufen noch jederseits zwei bis drei weitere Stämme. Ventral ziehen sich vielleicht einer in der Medianebene, nahe der Sohle, einer zwischen Darm und Nervenstämmen, und zwischen mittleren ventralen Stämmen und den beiden seitlichen wiederum vielleicht jederseits ein oder zwei hin. In der hinteren Leibeshälfte bleibt alles so, nur tritt der mittlere dorsale Stamm meist tief in das die beiden Darmschenkel trennende

Septum hinein und rechts und links gesellen sich ihm zwei weitere, nahe den Darmschenkeln liegende. Im Kopfe scheinen die Stämme ähnlich wie in der proximalen Leibeshälfte zu liegen. Wenigstens in der dorsalen Partie. Für die ventralen Stämme muss ich überhaupt meine Mittheilungen unter allem Vorbehalt geben. Die Verfolgung ist hier viel zu schwierig, als dass ich mehr wie, es ist „vielleicht" so, sagen könnte. Die Stämme senden viele kleine Gefässe seitwärts in ihrem Verlaufe ab, die auf den Querschnitten bald dem Auge verschwinden, dann aber auch grössere, gerade verlaufende Canäle, welche nach der Haut zu gehen, aber weiter als bis in die Hautmuskulatur hinein sich nicht verfolgen lassen.

Die Wassergefässe zeigen verhältnissmässig dicke Wandungen, ohne zellige Struktur. Die Wandung ist nach aussen scharf, aber in ganz feiner Linie abgegrenzt; zahlreiche Fortsätze führen von ihr zu benachbarten Parenchymzellen. Nach Innen zeigt die Wandung zahlreiche Vorsprünge und Zacken, und nahe der Innenfläche liegen in der Wandung auch Mengen von Körnchen, welche sich stark färben. Sie nehmen nach der Aussenfläche zu an Zahl ab. Zahlreiche radspeichenartige Streifen durchziehen im Querschnitte die Wandung und erscheinen im Längsschnitte als Längsstreifen, welche ungefähr parallel der Begrenzung der Wandung verlaufen. Selten sind Kerne in den Gefässwandungen vorhanden, aber wo sie auftreten, sind sie in nichts verschieden von den Kernen der Parenchymzellen.

VII.
Nerven.

Moseley (29), Loman (25, 26) und Bergendal (3) haben bereits ausführliche Mittheilungen über das Nervensystem der Bipalien gegeben. Sie haben gezeigt, dass das schaufelförmige Gehirn im Kopfe unter dem Darm liegt, dass zwei Längsnervenstämme vom Gehirn nach hinten ziehen und sich am Leibesende vereinigen. Zahlreiche Commissuren verbinden die Stämme, zahlreiche Zweige verbreiten sich im Körper, ein Hautplexus ist ausgebildet. Punktsubstanz und Ganglienzellen sind überall vorhanden, in den lateralen Theilen des Gehirns befindet sich viel Punktsubstanz, in den Nervenstämmen sind dort, wo Zweige abgehen, Punktsubstanz und Ganglienzellen reicher.

Ich gebe nur kurz an, was diese bekannten Thatsachen weiter ausführt. Das Gehirn enthält zahlreiche Ganglienzellen, und ganz besonders eine bankartige Schicht derselben, welche mit einem Radius von $2/3$ des Kopfradius concentrisch dem Gehirnumriss verläuft und über die dorsale Gehirnfläche emporragt. Unter der Kopfhaut liegt ein mächtiger, die Augen und Sinnesgruben versorgender Plexus. Die Längsnervenstämme, nahe dem Gehirn am stärksten und da auch nahe an einander, rücken in der Pharynxgegend weiter von einander ab, nähern sich dann wieder und vereinigen sich, allmählich zu ¹/₃ ihrer früheren Stärke reduzirt, im Körperendtheile. Die zahlreichen Commissuren zwischen den Stämmen erscheinen theils als vollständige Nervengeflechte, theils als direkte im dorsalen oder ventralen Niveau der Stämme verlaufende Verzweigungen. Das Commissurengeflecht ist am stärksten im Halse und in der Rüsselgegend. Die von den Längsstämmen ausgehenden Nerven haben ziemlich regelmässigen Verlauf, so dass man sie nach ihren Richtungen eintheilen kann. Die Quernerven entspringen den lateralen Particeen der Stämme, ziehen unterhalb des Darmes durch die Körpermuskulatur und trennen sich in zwei Zweige, von denen einer dorsal an die Muskeln, der andere lateral an die Haut herantritt. Die dorsalen Schrägnerven gehen theils durch die Darmsepten, um sich dann dorsal des Darmes in die Körper- oder Hautmuskulatur zu verästeln, theils gehen sie nur bis zur ventralen Grenze des Darmes. Die ventralen Schrägnerven ziehen in die Körpermuskulatur oder zur Hautmuskulatur des Bauches und der Sohle. Die dorsalen Steilnerven ziehen ähnlich wie die Schrägnerven durch die Darmsepten oder nur bis zum Darme; sie entspringen auch sehr oft mit den Schrägnerven oder mit den Commissurnerven zusammen. Die ventralen Steilnerven haben oft auch gemeinsamen Ursprung mit den Commissurnerven; sie namentlich versorgen die Sohle und das Muskelgeflecht über dieser. Die Verzweigungen der Nerven sind vorwiegend dichotomisch. Nervengeflechte finden sich unter der Hautmuskulatur, um und zwischen der Körpermuskulatur, um den Darm herum und endlich besonders stark unter der Sohle. Die Zahl der Nerven ist sehr gross; ein Bipalium von 15 cm Leibeslänge hat mindestens 250 Paare von grossen Nerven der genannten Arten aufzuweisen.

Das Nervengewebe muss elastisch sein, sonst wären so und soviel Bewegungen des Kopfes unerklärlich, oder es wäre nicht zu begreifen, wie die Nervenstämme nach der colossalen Erweiterung des Mundes in der Nahrungsaufnahme wieder in ihre alte Lage und Ausdehnung zurückkehren könnten.

VIII.
Sinnesorgane.

In der Untersuchung der Sinnesorgane bin ich im Wesentlichen nicht über die Befunde Bergendals (3) hinausgekommen. Am Vorderrande des Kopfes stehen, alternirend mit den Sinnesgruben, die Tastpapillen, deren Gewebe zum grössten Theil aus Muskeln besteht, ohne grössere Nervenzüge. Die Sinnesgruben sind von rundlichem Querschnitte, ihre Basis steht nach hinten und rückenwärts. Sie tragen starke Sinneshaare; an jede Grube tritt ein Bündel von langen Nervenfasern heran, die zwischen den Zellen des Gruben-Epithels verschwinden. Um die Gruben herum lagert Schleimsecret, das in die Epithelzellen eintritt. Die Augen sind in drei bis vier Reihen auf dem Kopfe und Halse vertheilt, ziehen sich von da aus am ganzen Körper seitlich hin, wenn auch zuletzt nur einreihig. Sie stimmen in ihrem Bau mit den sonst bekannten Tricladen-Augen überein. Die grössten Augen sitzen am Halse, bis 15 und mehr kernführende Zellen in einem Auge, die kleinsten hinten am Körper (3 kernführende Zellen). Die Augen werden versorgt von dem Hautnervenplexus. Die Zahl der Augen ist eine sehr grosse; ein conservirtes, also auch stark contrahirtes Thier zeigte zwischen Kopf und Pharynx, einer augenreichen Körperpartie, mehr als 20 Augen jederseits auf die Strecke von 1 mm.

IX.
Geschlechtsorgane.

Waren in keinem der untersuchten Thiere aufzufinden.

D.
Die Regeneration der Abschnürungsstücke von Bipalium kewense var. viridis.

Zur Untersuchung standen mir sieben Abschnürungsstücke zu Gebote, welche sämmtlich vom Leibes-Ende freiwillig abgelöst worden waren. Sie wurden getödtet im Alter von 1, bzw. 5, 8, 11, 14, 21 und 32 Tagen.

I.
Allgemeines.

Die Regeneration der Abschnürungsstücke ist gekennzeichnet durch die Neubildung von Organen und die Aenderungen im körperlichen Ausmasse, welchen das Abschnürungsstück unterworfen wird. Da die Abschnürungsstücke während der Regeneration nur Sauerstoff und Wasser endosmotisch von aussen aufnehmen, müssen die Regenerationsvorgänge auf Kosten der den Körper aufbauenden Elemente erfolgen, diese Elemente also umgelagert und transportirt werden. Dies geschieht mit Hilfe kleiner, rundlich eiförmiger Körper, der Stoffträger. Sie entstehen durch Zerfall von Geweben, und sie zerfallen auch selbst wieder an den Stellen, wo neue Gewebe gebildet werden. Ob sie von ihren Entstehungsorten nach den Verbrauchsstellen selbständig wandern oder transportirt werden, weiss ich nicht. Ihr Haupt-Ursprungsort ist das Darm-Epithel, nächst diesem Grund- und Muskelgewebe. Die Stoffträger sind stark lichtbrechend und färben sich in Pikrokarminpräparaten hell gelbgrün, in Pikrokarmin-Haematoxylin-Präparaten tief blauschwarz.

Ihrer Natur nach zerfallen die Regenerationsvorgänge in drei Gruppen: 1) Einfache Umlagerungen von Geweben, mit Ausnahme des Nervengewebes immer bewirkt durch Stoffträger, 2) Neubildung von Organen oder Organgruppen, bewirkt durch die Wucherung von reichlich mit Stoffträgern versorgten, in nichts von Parenchymzellen unterschiedenen Zellen: Neubildung von Parenchym, Muskeln und Rüssel-Epithel, 3) einfache Wachsthumserscheinungen: im Nervensystem. Die einfachen Umlagerungsvorgänge halten während der ganzen Regenerationsperiode an. Die Regeneration des Kopfes nimmt die ersten zwei Wochen, die des Pharyngealapparates die zweite und dritte Woche in Anspruch. Später unterliegen beide Theile nur noch Vergrösserungen durch Wachsthum.

II.
Haut.

Die Haut des Abschnürungsstückes muss, mit Ausnahme der Narbenstelle, einfache Umlagerungen erleiden. Die Hautzellen müssen, in Rücksicht auf den Querschnitt des gesammten Körpers, geringer, im Hinblick auf den Längsschnitt des Körpers grösser an Zahl werden. Das wird erreicht unter Zuhilfenahme der Stoffträger. Eine Neubildung von Haut erfolgt an der Abschnürungsstelle. Dort ist nach der Abschnürung die Haut, wahrscheinlich durch die Thätigkeit der Hautring- und Schrägmuskeln, zusammengezogen über der Abschnürungsstelle. Alsbald lagern sich zwischen die Zellen der so die Narbe schliessenden Haut Stoffträger ein und es beginnt eine rege Production von Hautzellen. Hierbei werden die Stoffträger aufgebraucht, sie zerfallen oder werden aufgelöst in kleine Kügelchen, Krümelchen u. s. w. und wahrscheinlich ist das Endprodukt ihres Zerfalles der feine protoplasmatische Grus, welcher hier — wie in anderen Neubildungen der Regeneration — zwischen den Zellen überall auftritt. Die Hautzellen des Abschnürungsstückes behalten während der ganzen Regeneration ihre Cuticula und ihren Flimmerbesatz; das Flimmer-Epithel der Sohle geht anfangs bis zur Narbe, bleibt aber später, mit Ausbildung der Kopfplatte, zurück, sodass der Beginn der Sohle schliesslich in den hinteren Theil der Kopfunterfläche zu liegen kommt.

III.
Grundgewebe.

Das Grundgewebe des Abschnürungsstückes durchläuft, soweit es nicht in die Neubildung von Organen mit inbegriffen ist, einfache Umlagerungen, welche mit Hilfe der Stoffträger vor sich gehen. Zur Bildung des Kopfparenchyms führt eine Zellwucherung, welche alsbald nach der Abschnürung unter der Narbe auftritt, reichlich mit Stoffträgern versehen wird und längere Zeit ohne deutliche Zellgrenzen als solide Masse erscheint. Erst nach Ablauf der zweiten Regenerationswoche, nachdem die Zellwucherung und das in sie hineinwachsende Gehirn dem neugebildeten Kopfe seine endgiltige Gestalt gegeben haben, gewinnt die Zellenmasse die für das Parenchym charakteristischen Hohlräume.

Das Pigment scheint im Leibe des Abschnürungsstückes nur der Streckung des Körpers entsprechende Umlagerungen zu erfahren, im Kopfe aber aus Parenchymzellen, bezw. Zellen jener eben geschilderten Wucherung, seine Entstehung zu nehmen.

Schleimdrüsen und Stäbchenmutterzellen, welche ja dem Abschnürungsstücke von Anfang an eignen, bleiben während der ganzen Regenerationszeit in Thätigkeit und werden später wahrscheinlich durch Neubildungen aus dem Parenchym ergänzt und vermehrt.

Ebenso dürften die Speicheldrüsen entstehen, welche anfänglich nur in geringer Zahl im Abschnürungsstücke vorhanden, später um den Pharynx herum in grosser Menge ausgebildet erscheinen. Erst am Schlusse der Regenerationszeit bemerkt man das Speicheldrüsensekret in der Rüsselwandung, ohne aber zugleich wahrnehmen zu können, dass besondere Bahnen für dieses Sekret geschaffen worden wären.

IV.

Muskeln.

Das Abschnürungsstück besitzt vollständige Haut- und Körpermuskulatur, hat aber neu zu bilden die Muskulatur von Kopf und Rüssel, sowie einen Theil von Insertionen für Körperlängsmuskeln. Die bereits vorhandenen Muskeln müssen, entsprechend der körperlichen Gestaltsänderung während der Regeneration, als Quer- und Schrägmuskeln eine Verkürzung, als Längsmuskeln eine Verlängerung erfahren. Zugleich werden sie selbst im Querschnitt dünner, und auch für den respektiven Schnitt durch den gesammten Thierkörper weniger zahlreich. Alle diese Prozesse spielen sich wahrscheinlich mit Hilfe der Stoffträger ab.

Die Neubildung von Muskeln erfolgt im ganzen Abschnürungsstück nach derselben Weise; es genügt daher die Schilderung der Muskelbildungen in der Kopfanlage. Unter der Abschnürungsnarbe greift, wie schon beschrieben, eine Zellenwucherung Platz. In deren Protoplasmamassen zeigen sich sehr bald feine Züge und Striche, und wenig später lässt sich erkennen, dass diese Züge und Striche Zellgrenzen bedeuten, dass um viele der in der Wucherungszone gelegenen Kerne herum das Protoplasma nur in dünner Schicht liegt, sonst aber nach einer, zwei oder drei Richtungen sich lang spindelförmig auszieht. Derartige Gebilde sind Muskelzellen. Es verschmelzen die Protoplasmafortsätze anstossender Zellen mit einander, dadurch kommen lange Fasern zur Ausbildung; es legen sich viele benachbarte Muskelzellen an einander, dadurch entstehen Muskelbündel; es treten Muskeln, welche verschiedene Richtungen haben, in Beziehung zu einander, dadurch werden Verzweigungen zu Stande gebracht. Die Kerne der Muskelzellen verschwinden schliesslich bis auf die, welche in den Achseln der Verzweigungen liegen. So verlaufen überall im Abschnürungsstücke die Neubildungen von Muskeln. Durch neugebildete Muskeln erhalten auch die Längsmuskeln ihre charakteristische Insertion an der Basalmembran des Halses, und ähnlich werden auch für die anderen Muskeln, welche das Abschnürungsstück von Anfang an besessen hat, neue Insertionen geschaffen.

V.
Darm.

Das Abschnürungsstück besitzt, da vom Hinterende der Mutter stammend, von Anfang an einen zweischenkligen Darm. Diesen muss es umbilden, während es den ganzen Pharyngealapparat neu zu formen hat.

1) Der Pharyngealapparat findet seine Anlage in der Mitte des Leibes durch eine Zellenwucherung des Mittelseptums, das die beiden Darmschenkel von einander trennt. Die Zellenwucherung liegt im ventralen Theile des Septums, bildet demselben gewissermassen einen Fuss. Bald höhlt sich die Anlage im Innern aus und gewinnt zwei Oeffnungen, eine nach hinten und bauchwärts, und eine nach vorn und rückenwärts gerichtete. So gleicht jetzt die Pharyngealanlage einer schief angeschnittenen Röhre. Die Wandung dieser Röhre löst sich von dem sie umgebenden Körperparenchym ab bis auf den Rand der nach vorn und rückenwärts gerichteten Oeffnung; mit anderen Worten, es hängt jetzt eine Röhre, deren Insertionslinie von vorn ventral nach hinten dorsal aufsteigt, frei mit Wandung und hinterem Rande in einer Höhle des Mittelseptums. Das ist Pharynx und Pharynxtasche.

Die Elemente der im Mittelseptum auftretenden, die Pharynxanlage bildenden Zellenwucherung gleichen völlig denen in der Kopfplattenwucherung. Ebenso sind hier Unmengen von Stoffträgern vorhanden. Abgeflachte Zellen der Wucherung kleiden die erste sich bildende Höhle aus, und ebenso gehen die Epithelien des Pharynx und die Pharynxtasche aus derartigen Zellen hervor. Die Epithelien des Rüssels zeigen frühzeitig schon den Unterschied der berührenden und freien Fläche. Dieses baut sich auf aus kleinen, flachen Zellen, jenes aus grossen, hohen, mit mächtigen Kernen ausgerüsteten, in Zacken und später in Flimmerhaare ausgezogenen Zellen. Im Innern der Pharynxwandung gehen aus den Wucherungszellen das Parenchym und die Muskeln hervor; es werden unter dem Epithel sehr bald die Längsmuskeln und dann auch die Ringmuskeln gebildet, während zugleich im Innern der Wandung Längs- und Schräg- und Quermuskeln entstehen, von denen die beiden erstgenannten Arten und die unter dem Epithel liegenden Muskeln mit Körpermuskeln in Verbindung treten. Gegen Ende der Regeneration erhalten die Epithelien ihre charakteristische Ausbildung, und durch weiteres Wachsthum erlangt das Pharynxrohr grössere

Länge und in seiner freien Mündung grösseren Umfang. Diese beiden Grössenzunahmen führen zu Faltungen des Rüsselrohres, welche in dem früher geschilderten Sinne Platz greifen. Zwischen dem einundzwanzigsten und zweiunddreissigsten Regenerationstage brechen Mund- und Darmöffnung durch.

2) Die Darmschenkel des Abschnürungsstückes endigen vorn blind, vereinigen sich aber dort bis zum fünften Regenerationstage bereits in den dorsalen Particen des dritten oder vierten Buchtenpaares. Während nun von jener Stelle aus allmählich Fächerbuchten in den sich bildenden Kopf hineinwuchern, wird das Mittelseptum von vorn nach hinten Schritt für Schritt weggelöst, bis schliesslich die beiden vorderen Darmschenkel zu einem einzigen Gebilde verschmolzen sind und in die Rüsseltasche münden. Nach dieser Zeit (ich weiss es nicht aus Beobachtungen) werden wohl auch die beiden seitlichen Darmöffnungen gebildet werden. In seinen Dimensionen hat der Darm dieselben Veränderungen zu erleiden wie der gesammte Leib: Verkleinerung des Quermessers, Vergrösserung des Längsmessers. Nirgends lässt sich besser als im Darm beobachten, wie durch den Zerfall von Gewebeparticen die Stoffträger schliesslich gebildet und wie sie allmählich aus dem zu verkleinernden Organe entfernt werden.

VI.

Wassergefässe.

Das Abschnürungsstück besitzt die Wassergefässstämme in derselben Anordnung, welche für die hintere Leibeshälfte eines ausgewachsenen Thieres characteristisch ist. Es hat sich nur als wahrscheinlich ermitteln lassen, dass die Lage der Wassergefässstämme sich während der Regeneration nicht wesentlich ändert.

VII.

Nerven.

Die Bildung des Gehirns erfolgt von den beiden Längsnervenstämmen aus, welche das Abschnürungsstück besitzt, — lediglich durch Wachsthumsvorgänge. Die beiden Längsstämme schwellen vorn in der Zellenwucherung der Kopfplatte dorsal knopfartig an; von den Knöpfen gehen Nervengeflechte rückenwärts, welche sehr bald dichter werden, mit einander sich vereinigen und schliesslich, bei weiterer Zunahme der Kopfplatte, auch nach vorn zu sich ausbreitend das Gehirn bilden. Bereits am Ende der ersten Regenerationswoche erscheinen Nervenzüge, welche vom Gehirn nach der Kopfhaut gehen. Später werden diese Züge zahlreicher und vereinigen sich unter der Kopfhaut zu dem Nervenplexus, welcher die Sinnesorgane des Kopfes versorgt.

Die Nervenstämme und die von ihnen ausgehenden Nerven erleiden während der Regeneration Verminderungen ihrer Ausmasse. Wie das zu Stande kommt, weiss ich nicht; jedenfalls glaube ich niemals einen Stoffträger dabei betheiligt gesehen zu haben. Die Nervenstämme werden sehr dünn schliesslich, und ebenso die von ihnen ausgehenden, natürlich auch beträchtlich sich verkürzenden Nervenzweige.

VIII.
Sinnesorgane.

Die Sinnesgruben am Kopfrande entstehen gegen Ende der ersten Regenerationswoche. Da senkt sich das flimmernde Kopf-Epithel am Rande der Anlage in seichte Gruben ein, an die Basis der Gruben treten Nerven, und indem sich diese Grubenenden nach hinten und rückenwärts vertiefen, die Flimmerhaare sich vergrössern, sind mit Ende der zweiten Woche die Sinnesgruben im Wesentlichen ausgebildet.

Währenddem haben die zwischen ihnen gelegenen Partieen des Kopfrandes die Flimmerhaare verloren, aber ein System von Ring- und Längsmuskeln, sowie von feinen Schräg- und Quermuskeln gewonnen, es sind Tastpapillen entstanden.

Die Bildung der Augen zu verfolgen ist sehr schwer. Ich glaube am Kopfe zu folgendem Ergebniss gelangt zu sein: Es werden mehrere von den Wucherungszellen von körnigem Pigment umschlossen und diese Anlage tritt mit dem Hautnervengeflecht in Verbindung.

IX.
Geschlechtsorgane.

Wie nicht anders zu erwarten, zeigen die Regenerationsstücke keine Andeutung von Geschlechtsorganen oder deren Anlagen.

Die Ergebnisse, welche mir die Untersuchung der an den Abschnürungsstücken von Bip. vir. sich abspielenden Regenerationsvorgänge geliefert hat, stimmen im Wesentlichen überein mit den Befunden, welche Zacharias (39), v. Kennel (22) und v. Wagner (38) in der Verfolgung der Regenerationsprozesse an Abschnürungsstücken von fissipar sich fortpflanzenden rhabdocölen und dendrocölen Turbellarien neuerdings gewonnen haben.

Litteratur.

1) **Audouin, V.**, Dictionnaire classique d'histoire naturelle. Art. Planaire, Tome XIV, p. 10—11. Paris 1828.
2) **Bell, F.** Jeffrey, Note on Bipalium kewense, and the Generic Character of Land-Planarians. Proceedings of the meetings of the Zoological Society of London, 1886, p. 166.
3) **Bergendal, Dr.**, Zur Kenntniss der Landplanarien. Zoolog. Anzeiger, 5. Jahrg., 1887, p. 218.
4) **Cantor, Dr.**, On the Flora and Fauna of Chuson. Ann. Mag. Nat. Hist. IX (1842), p. 265.
5) **Dalyell, P.**, Observations on some interesting Phaenomena on animal Physiology exhibited by several species of Planaria. Edinburgh 1814.
6) **Darwin, Charles**, Brief description of several terrestrial Planariae and of some marine species, with an account of their habits. Ann. Mag. Nat. Hist. XIV (1844), p. 241.
7) **Dendy, A.**, Australian Landplanarian (Geoplana Spenceri). Trans. Roy. Soc. Victoria, 1889, p. 50—94.
8) **Diesing, K. M.**, Revision der Turbellarien, Abtheilung: Dendrocoelen. Sitz. Ber. math. naturw. Kl. Akad. Wiss. Wien, 44. Bd. 1. Abth., Jahrg. 1861 (1862), p. 485.
9) **Draparnaud, J. B. R.**, Tableau des Mollusques terrestres et fluviatiles de la France. Montpellier 1803.
10) **Dugès, A.**, Recherches sur l'organisation et les moeurs des Planariés. Ann. Sc. nat. I. sér. tome XV, Paris 1828.
11) **—**, Aperçu de quelques observations nouvelles sur les Planaires et plusieurs genres voisins. Ibid. tome XXI, 1830.
12) **Eimer, Th.**, Ueber fadenspinnende Schnecken. Zool. Anz., 1. Jahrg., 1878, p. 123.
13) **Fletcher, J. J.**, Remarks on an introduced species of Land-Planaria, apparently Bipalium kewense Moseley. Proceedings of the Linnean Society of New-South-Wales, II. series, vol. II (1887), Sydney 1888, p. 244.
14) **Fletcher, J. J., and Hamilton, A. G.**, Notes on Australian Land Planarians, with Descriptions of some new Species. Part I. Ibid. p. 349.
15) **Gray, Dr.**, Zoological Miscellany, 1835, p. 5.
16) **Humbert, Al., et Claparède, Ed.**, Description de quelques espèces nouvelles Planaires Terrestres de Ceylon, par M. Alois Humbert, suivie d'observations anatomiques sur le genre Bipalium par M. Édouard Claparède. Mém. de la Soc. de Phys. et d'Hist. Nat. de Genève, 1861/62, tome XVI, 2ième partie, p. 293. Auch in Rev. et Mag. Zool. 2. sér. tome XIV, 1862, p. 404.
17) **Jijima, Isao**, Untersuchungen über den Bau und die Entwickelungsgeschichte der Süsswasser-Dendrocoelen (Tricladen). Zeitschr. f. wiss. Zool., Bd. X, 1884, p. 359.

18) Johnson, J. R., Observations on the Genus Planaria. Phil. Transact. Roy. Soc. London, 1822, Part II, p. 437—447.

19) —, Further Observations on Planaria. Ibid. 1825, part. II, p. 247—256.

20) Kennel, J. v., Bemerkungen über einheimische Landplanarien. Zool. Anz. 1. Jahrg. 1878, p. 26.

21) — Die in Deutschland gefundenen Landplanarien Rhynchodemus terrestris O. F. Müller und Geodesmus bilineatus Mecznikoff. Arb. zool.-zoot. Instit. Würzburg, 5. Bd., 1880, p. 120.

22) — Untersuchungen an neuen Turbellarien. Zoolog. Jahrb. (Spengel), Abth. f. Anat. u. Ontog., III. Bd., 1889, p. 447.

23) Lang, Arnold, Die Polycladen (Seeplanarien) des Golfes von Neapel und der angrenzenden Meeresabschnitte. XI. Monogr. v. Fauna und Flora des Golfes von Neapel. Leipzig 1884.

24) Leuckart, Rud., Die Parasiten des Menschen. 2. Aufl. Leipzig und Heidelberg 1879 ff.

25) Loman, J. C. C., Ueber den Bau von Bipalium Stimpson, nebst Beschreibung neuer Arten aus dem indischen Archipel. Bijdragen tot de Dierkunde, uitgeven door het Genootschap Natura artis Magistra te Amsterdam. 14. Aflevering, 1887, p. 61.

26) — Landplanarien der grossen Sunda-Inseln. Zoologische Ergebnisse einer Reise in Niederländisch Ost-Indien, herausgeg. von Dr. Max Weber, Prof. d. Zool. in Amsterdam. I. Heft, Leiden 1890, p. 131.

27) Martens, Ed. v., Zur Kenntniss der fadenspinnenden Schnecken. Zool. Anz. 1. Jahrg., 1878, p. 249.

28) Mecznikow, El., Ueber Geodesmus bilineatus Nob. (Fasciola terrestris O. Fr. Müller?), eine europäische Landplanarie. Bulletin de l'Acad. impér. des sciences de St. Pétersbourg, tome IX. (1866), p. 433.

29) Moseley, H. N., On the Anatomy and Histology of the Land-Planarians of Ceylon, with some Account of their Habits, and a Description of two new Species, and with Notes on the Anatomy of some European Aquatic Species. Philos. Transact. Roy. Soc. London, vol. 164, 1874, P. 1, p. 105.

30) — Notes on the Structure of Several Forms of Land-Planarians, with a Description of Two New Genera and Several New Species, and a List of all Species at present Known. Quarterly Journal of Microscopical Science, new ser., vol. XVII, 1877, p 273.

31) — Description of a new Species of Land-Planarian from the Hothouses at Kew Gardens. Ann. Mag. Nat. Hist. 5th series, vol. I, 1878, p. 237.

32) Müller, O. F., Vermium terrestrium et fluviatilium, seu Animalium Infusoriorum, Helminthicorum, et Testaceorum, non marinorum, succincta historia. Hafniae et Lipsiae, 2 vol., 1773 bis 1774.

33) Schmarda, Ludwig K., Neue wirbellose Thiere, beobachtet und gesammelt auf einer Reise um die Erde 1853 bis 1857. I. Band. Turbellarien, Rotatorien und Anneliden. I. Hälfte. Leipzig 1859.

34) Schultze, Max, Beiträge zur Kenntniss der Landplanarien nach Mittheilungen des Dr. Fritz Müller in Brasilien und nach eigenen Untersuchungen. Abh. d. Naturf.-Gesellsch. in Halle, 4. Bd.

35) Semper, Die natürlichen Existenzbedingungen der Thiere. Leipzig 1880.

36) Stimpson, W.. Prodromus descriptionis animalium evertebratorum quae in Expeditione ad Oceanum Pacificum Septentrionale a Republica Federata missa, Johanne Rodgers duce, observavit et descripsit W. Stimpson. P. 1. Turbellaria Dendrocoela. Proc. Acad. Phil. 1857, p. 19.

37) Vejdovsky, P., Microplana humicola, Sitz.-Ber. Kgl. böhm. Gesellsch. d. Wiss. 1889—90 (czechisch), und Revue biologique du Nord de la France, vol. 2, 1889/90.

38) Wagner, Dr. Franz von, Zur Kenntniss der ungeschlechtlichen Fortpflanzung von Microstoma, nebst allgemeinen Bemerkungen über Theilung und Knospung im Thierreiche. Zoolog. Jahrb. (Spengel), Abth. f. Anat. u. Ontog., IV. Bd., 1890, p. 349—423.

39) Zacharias, Dr. Otto, Ergebnisse einer zoologischen Exkursion in das Glatzer-, Iser- und Riesengebirge. Zeitschr. f. wiss. Zool. 43. Bd., p. 252—289; p. 271—276: Ueber Fortpflanzung durch spontane Quertheilung bei Süsswasserplanarien.

40) Zschokke, F., Faunistische Studien an Gebirgsseen. Verhandlungen der Naturforsch. Gesellsch. Basel. 1890. Bd. IX.

Lebenslauf.

Ich, Georg Hermann Lehnert, evang.-luther., wurde geboren am 13. Febr. 1862 zu Zittau in Sachsen. Nachdem ich das Kgl. Realgymnasium zu Zittau durchlaufen, bezog ich Ostern 1880 die Universität Leipzig, um Naturwissenschaften zu studiren, genügte aber auch vom 1. April 1880 bis ebendahin 1881 meiner Dienstpflicht als Einjährig-Freiwilliger im Kgl. Sächs. 8. Infanterie-Regiment „Prinz Johann Georg" No. 107. Nachdem ich meinen Studien, nur einmal denselben durch eine Einziehung für ein halbes Semester entzogen, bis Ostern 1885 obgelegen hatte, übernahm ich den Posten eines Abtheilungsredakteurs für naturwissenschaftliche und verwandte Fächer an der „Deutschen Encyklopädie", vertauschte diese Stellung zu Mich. 1887 mit der eines Redakteurs der „Schwarzburg-Rudolstädtischen Landeszeitung" und kehrte von da zu Beginn des Wintersemesters 1888 nach Leipzig zurück, um meine Studien zum Abschluss zu bringen. Ich hörte die Vorlesungen der Herren Prof. Prof. Dr. Dr. Ambronn, Carstanjen, Chun, Credner, Fraisse, Hankel, Hofmann, Kolbe, Leuckart, Marshall, A. Mayer, Pfeffer, Schenk, Weddige, G. Wiedemann, Wislicenus, Wundt und Zirkel und war thätig in den Laboratorien bezw. Practicis der Herren Prof. Prof. Dr. Dr. Credner, Fraisse, Hofmann, Leuckart, Nieper, Rauber, Schenk und Wiedemann. Allen meinen Herren Lehrern bitte ich auch an dieser Stelle meinen ergebenen Dank abstatten zu dürfen.